coleção primeiros passos 38

Carlos Rodrigues Brandão

O QUE É
MÉTODO PAULO FREIRE

editora brasiliense

copyright © by Carlos Rodrigues Brandão 1981
Nenhuma parte desta publicação pode ser gravada,
armazenada em sistemas eletrônicos, fotocopiada,
reproduzida por meios mecânicos ou outros quaisquer
sem autorização prévia do editor.

Primeira edição, 1981
33ª reimpressão, 2013

Diretora editorial: *Maria Teresa B. de Lima*
Editor: *Max Welcman*
Revisão: *José E. Andrade*
Capa: *123 (antigo 27) Artistas Gráficos*
Atualização da Nova Ortografia: *Natália Chagas Máximo*

Dados Internacionais de Catalogação na Publicação (CIP)
(Câmara Brasileira do Livro, SP, Brasil)

Brandão, Carlos Rodrigues
    O que é método Paulo Freire / Carlos Rodrigues Brandão.
- - São Paulo: Brasiliense, 2013. -- (Coleção primeiros passos; 38)

34ª reimpr. da 1ª ed. de 1981.

1. Alfabetização (Educação de adultos) - Brasil
2. Freire, Paulo, 1921-1997 I. Título II. Série.

05-6441   CDD-374.0120981

Índices para catálogo sistemático:
1. Alfabetização de adultos: Método Paulo Freire: Brasil: Educação
374.0120981
2. Método Paulo Freire : Alfabetização de adultos: Brasil : Educação
374.0120981

editora brasiliense ltda.
Rua Antônio de Barros, 1839 – Tatuapé
Cep 03401-001 – São Paulo – SP
www.editorabrasiliense.com.br

ÍNDICE

I. Por quê? Pra quê? 7

II. Um dia, perto de Angicos 18

III. O ABC do método 22

IV. O trabalho com a fala: o círculo de cultura 44

V. Ajustar, inovar, criar 68

VI. Do método ao sistema, do sistema ao sonho 81

VII. Contra o quê? Em nome do quê? 102

Conclusão 110

Indicações para leitura 111

Sobre o autor 114

*"Hoje desaprendo o que tinha aprendido até ontem
e que amanhã recomeçarei a aprender."*
Cecília Meireles

*Este pequeno livro deve ser dedicado
a uma gente de quem a todo momento
se fala aqui sem dizer o nome: monitores,
alfabetizadores populares, animadores de
círculos de cultura de ontem e de hoje.*

POR QUÊ? PRA QUÊ?

Devo confessar, amigo leitor, que este livro foi escrito no fôlego de alguns dias e deve ter, portanto, todas as qualidades e também os defeitos do que é feito no quente da coisa, na hora em que a força da vontade de dizer pode ganhar do cuidado de dizer com calma, no vagar do sério, com ciência e paciência. Mas é que eu tenho razões. E vou contar. Poucos dias depois de haver combinado escrevê-lo, de haver inclusive conversado o começo do fio da ideia dele com Paulo Freire, acabei viajando para o Nordeste. Uma coisa não tinha nada a ver com a outra, mas acabou tendo.

Comecei a rascunhar o livro num caderno, no dia 1º de maio deste ano[1], em Campinas. Depois, no mesmo dia, a caminho de São Paulo e, daí, no de Fortaleza, Ceará. No dia seguinte eu segui com a viagem e o rascunho do livro, de Fortaleza a Mossoró, que fica num canto do sertão do Rio Grande do Norte. O rascunho da primeira parte do livro foi acabado na viagem de volta do Nordeste ao Sul, cinco dias depois. Eu voltava de um curso na cidade de Mossoró sobre as ideias e o método de Paulo Freire. Coisa que contando não se acredita. Mas eu conto.

Mossoró fica perto de Angicos, uma cidadezinha nos fundos do Nordeste, onde neste ano o sol seca e resseca tudo o que há. Foi ali onde, pela primeira vez — depois de uma pequena experiência em um bairro do Recife —, a equipe do Serviço de Extensão Universitária da Universidade Federal de Pernambuco, coordenada pelo professor Paulo Freire, testou o que veio a se chamar: "o Método Paulo Freire de Alfabetização de Adultos".

Na verdade, leitor, ali não se experimentava só um novo método, mas, através dele, um novo sentimento de Mundo, uma nova esperança no Homem. Uma nova crença, também, no valor e no poder da Educação. Sinais do amor que o homem planta e que brotavam ali, no chão seco do sertão, há vinte anos.

---

[1] "deste ano" refere-se ao ano em que o livro foi escrito, 1981.

Pois vinte anos depois um punhado de gente se reuniu em Mossoró pra repensar junta, para trás, como é que aquilo foi. Pra pensar junta, para frente, como é que agora poderia ser. Foi programada uma "Semana de Arte e Filosofia", naquele ano dedicada ao tema: *Filosofia e Educação Popular*. Vieram estudantes e educadores de todo o Nordeste. Veio até alguma gente do Sul. A ideia era a de fazer a crítica de todo o trabalho anterior de *Educação Popular e de Cultura Popular* desencadeado no Brasil no começo dos anos 1960. Fazer a crítica para repensar uma coisa e a outra, para "reinventar a educação" hoje, para os dias de hoje[2], como o próprio Paulo Freire gosta de dizer. As pessoas da minha geração, os que viveram nos começos de 1960 o alvorecer da ideia, queriam a memória dela. Recontar juntos, perguntar: "como é que foi?". Mas os jovens, os estudantes de colégio e das universidades que se amontoaram por lá, queriam é saber: "como é que faz?".

Por isso o "Programa da Semana" tinha de tudo, de reuniões e mesas-redondas de revisão das experiências do passado, a sessões de discussão dos trabalhos atuais e dos sonhos possíveis de trabalho futuro com a Educação Popular: um nome? Um mito? Um modo de fazer?

---

[2] "hoje" refere-se ao período em que o livro foi escrito, ou seja, anos 1980.

Crispiniano Neto, um professor e repentista notável do lugar, escreveu o "Programa da Semana" em cordel e abriu cantoria desse jeito:

"De um a oito de maio
Mossoró tem alegria
De receber todo o povo
Que pensa em democracia,
Que é quando a terra se irmana
Pra promover a Semana
De Arte e Filosofia.

"Porém a Filosofia
Que aqui estamos falando
Não é daqueles que não
têm: *por quê*, *pra quê* nem quando;
É uma coisa real,
Que fura como punhal,
Ferindo quem está ditando.

"A nossa filosofia
Não tá suspensa no ar;
Não é livro em prateleira
Nem frase pra declamar.
Filosofia pra gente
É um jeito consciente
Do povo se libertar".

No meio dos oito dias da "Semana" o meu trabalho lá era o de fazer o tal pequeno curso sobre Paulo Freire. E no cordel do "Programa" se anunciava assim:

Sábado 02/05   "Então, na parte da tarde
tarde: 14 h   Professor Carlos Brandão
às 17 h   No Sistema Paulo Freire
                  De Alfabetização
                  Vai dar um curso e mostrar
                  Como alfabetizar
                  Visando a libertação".

E o curso foi de um sábado até uma terça, com dias de trabalho da manhã à noite. Como havia muita gente na "Semana", de estudantes dos colégios da cidade a professores, doutores e candidatos "da pós" a mestre e doutor, o curso foi feito afinal num cinema do Centro, onde à noite se prometia em "sessão dupla": *Simbad, o marujo* e *A estudante que levou pau*.

Um pequeno curso pensado para recontar como se fez e praticou o Método Paulo Freire, acabou virando um lugar de debate quente sobre a questão da Educação Popular. E aí sim, leitor, o pau comeu. Não ficou coisa sobre o que não se perguntasse, mesmo que não houvesse resposta pronta nem pra metade.

O que mais me espantou com alegria foi a insistência das perguntas dos mais moços, de uma gente pra quem o passado "do tempo da educação popular" era o que eles haviam lido, vários anos depois, nos livros de quem viveu aquilo, ou de quem falou sobre quem viveu. Mas esses "mais jovens", estudantes do Nordeste, quase todos, não queriam saber da história da coisa. Dos casos das estórias do que houve no começo dos anos 1960, eles queriam só o que pudesse servir para pensar uma outra prática, numa outra história.

Havíamos pensado aproveitar a "Semana" para fazer entre nós, "os de 1960", umas reuniões de "memória". Aproveitar que estaríamos afinal tantos dias reunidos num dos lugares onde muitos anos atrás tudo começou, para rever juntos "como foi". Alguns não puderam ir e foram poucas as reuniões de sacudir a poeira da caixa da memória. Mesmo que tivessem ido todos, por certo não teria sido possível. Os jovens da "Semana" tinham muitas perguntas sobre "como pode ser" e eles nos disseram que, elas sim, deviam ser respondidas. Paulo Freire, que durante meses antes alimentou a vontade de rever Mossoró e Angicos, acabou não podendo ir. O cansaço do trabalho dos primeiros meses da volta do exílio venceu o programa de seus "encontros" na "Semana". Venceu nossos planos de reuniões de memória e venceu até mesmo a encomenda que ele havia feito, de que não faltasse na mesa do almoço: carne de sol com gerimum.

No cordel do programa ficou escrito:

Sexta-feira	"E como na sexta-feira
08/05	ninguém tem mais paciência
8 h às	então pensamos em ter
11 h	ter uma atração de potência
	e resolvemos botar
	Paulo Freire pra contar
	sua vida e experiência."

Parte do que escrevo daqui para baixo são momentos desta *vida e experiência*. Em outras andanças pelo Brasil, sempre para cursos, encontros e conversas sobre Educação Popular, aos poucos percebi que mesmo quem não foi "dos anos 1960" leu quase tudo o que Paulo Freire escreveu. É difícil encontrar alguém que esteja ligado de algum modo com a educação, com os movimentos populares de agora, e que não tenha lido os seus escritos e não conheça as suas ideias. No entanto, fora um ou outro, quase ninguém conhece a prática de seu método de alfabetização.

Na revista *Estudos Universitários*, nº 4, onde pela primeira vez aparecem as *ideias* e o *método* da equipe de Paulo Freire em Pernambuco, o artigo escrito por Aurenice Cardoso e que fala da prática do trabalho de alfabetizar com o método, é o último de uma série sobre o assunto. Em alguns

Paulo Freire

livros de Paulo Freire e de outros educadores, são poucas as páginas sobre o método e, não raro, elas estão escondidas em algum "anexo".

Talvez por isso mesmo eu tenha resolvido escrever aqui o caso às avessas e fazer, como aconteceu no "curso de Mossoró", o livro ao contrário. Já que a prática mais vivida foi a do método de alfabetização, é dela que vamos partir juntos, leitor, depois de contar alguma coisa de sua história. Falo direto dele como algo vivo que se faz e refaz enquanto se usa. Por isso descrevo alguns passos de como ele é *criado* a cada vez que se usa. Falo sobre como o método educa enquanto se constrói e, portanto, falo de um *método* como um *processo*, com as sequencias e etapas que ele repete a cada vez; como uma história coletiva de criar e fazer, que é a sua melhor ideia.

Depois disso, aí sim, coloco a prática do método dentro do trabalho da educação popular de que ele sempre foi imaginado como um instrumento entre outros. Você se lembra, leitor, daquela letra de poema que se tem cantado muito por aí?

"Caminhante, não há caminho
Se faz caminho ao andar."

Pois bem, as pessoas de quem se fala aqui sonharam um caminho e começaram a andar. O "método" foi só a botina que calçaram nos pés para caminhar. Muita gente, de tanto haver olhado só as marcas dela no caminho, pensou que aquilo fosse toda a prática. E toda a história do que se fez.

A questão é que Paulo Freire não propôs um método entre outros. Um método psicopedagogicamente diferente e, quem sabe, melhor? Antes de fazer isso ele investiu aos brados *com* uma educação, *contra* outras. Por isso, depois de falar contra que educação a sua se apresenta e como é a educação em que ele crê, é preciso dizer contra que tipo de Mundo ele acredita em um outro, e por que crê que a educação que reinventa pode ser um instrumento a mais no trabalho de os homens o criarem, transformando este que aí está.

Mas, que homens? De que mundo? Termino estes escritos sobre o Método Paulo Freire por onde começam quase todos os estudos sobre as suas ideias. Pelas ideias. Pelo arcabouço com que ele pensa e repensa o homem, a história, o trabalho, a cultura, a educação e mais o fio que amarra e puxa tudo isso: a liberdade. Termino a nossa conversa pelo modo como, para que tudo aquilo acima se transforme, ele imaginou criar uma ferramenta que ajudasse o homem a começar pelo começo; por um jeito mais humano de ensinar-aprender a ler e escrever. Uma das práticas sociais por onde começa esta história que continua a procurar, com as gentes de maio em Mossoró, respostas às suas tantas perguntas de *por quê?* e *pra quê?*

UM DIA, PERTO DE ANGICOS

Havia uma equipe de professores nordestinos no Serviço de Extensão Universitária da Universidade Federal de Pernambuco. Alguns deles eram também gente do *Movimento de Cultura Popular* do Recife, o primeiro que se fez no Brasil, na aurora dos anos 1960. Na aurora do tempo em que, coletivamente, pela única vez alguma educação no Brasil foi criativa e sonhou que poderia servir para libertar o homem, mais do que, apenas, para ensiná-lo, torná-lo "doméstico".

Primeiro foi feita uma pequena experiência na casa que o MCP conseguiu arrumar numa periferia de Recife. Foram 5 alfabetizandos. Dois saíram, ficaram 3. De lá a equipe realizou as primeiras experiências mais amplas em Angicos e Mossoró, no Rio Grande do Norte, e em João Pessoa, na Paraíba, com o pessoal da CEPLAR. Lavradores do Nordeste foram os primeiros homens a viverem a experiência nova do "círculo de cultura". Foram os primeiros a serem alfabetizados de dentro para fora, através de seu próprio trabalho.

Depois de haver sido testado em "círculos" na roça e na cidade, no Nordeste, o trabalho com o método foi levado por muitas mãos ao Rio de Janeiro, a São Paulo e a Brasília. Aquele era o tempo da criação dos *movimentos populares de cultura* (MCP), dos *centros de cultura popular do movimento estudantil* (CPC), do *Movimento de Educação de Base da Igreja Católica* (MEB), da campanha *De Pé no Chão também se Aprende a Ler*, da Prefeitura de Natal, entre tantos outros grupos, lugares e equipes onde se misturavam educadores, estudantes, professores, profissionais de outras áreas que, por toda a parte, davam sentidos novos a velhas palavras: *educação popular, cultura popular*.

> "Os resultados obtidos — 300 trabalhadores alfabetizados em 45 dias — impressionaram profundamente a opinião pública. Decidiu-se aplicar o método em todo o território nacional, mas desta vez com o apoio do Governo Federal. E foi assim que, entre junho de 1963 e março de 1964, foram realizados cursos de

> formação de coordenadores na maior parte das Capitais dos Estados brasileiros (no Estado da Guanabara se inscreveram mais de 6.000 pessoas; igualmente criaram-se cursos nos Estados do Rio Grande do Norte, São Paulo, Bahia, Sergipe e Rio Grande do Sul, que agrupavam vários milhares de pessoas. O plano de ação de 1964 previa a instalação de 20.000 círculos de cultura, capazes de formar, no mesmo ano, por volta de 2 milhões de alunos. Cada círculo educava, em dois meses, 30 alunos.)" — Paulo Freire, *Conscientização*.

Não houve tempo para passar das primeiras experiências para os trabalhos de amplo fôlego com a alfabetização de adultos. Em fevereiro de 1964, o governo do Estado da Guanabara apreendeu na gráfica milhares de exemplares da cartilha do Movimento de Educação de Base: *Viver é Lutar*. Logo nos primeiros dias de abril, a Campanha Nacional de Alfabetização, idealizada sob direção de Paulo Freire, pelo governo deposto, foi denunciada publicamente como "perigosamente subversiva". Em tempo de baioneta a cartilha que se cale. Aqueles foram anos — cada vez piores, até 1968 — em que por toda parte educadores eram presos e trabalhos de educação, condenados. Paulo Freire foi um dos primeiros educadores presos e, depois, exilados. Foi para o Chile com a família, o sonho e o método. Todos exilados do país por 16 anos.

Pouco tempo depois da chegada ao Chile o país destaca-se entre todos do mundo pelo seu trabalho em favor do adulto analfabeto. O Chile recebe de UNESCO uma distinção como um dos 5 países que melhor contribuíram para superar o analfabetismo. Programas nacionais são desenvolvidos a partir das ideias e do sistema de trabalho de um brasileiro exilado. Antes que também lá a baioneta encoste a cartilha no muro, Paulo Freire vai para os Estados Unidos e, depois, para a Europa. Em Genebra ele cria, com outros companheiros de exílio, o Instituto de Ação Cultural (IDAC). A nova equipe viaja vezes seguidas para diversos países da África onde, depois da libertação política — como aconteceu nas antigas colônias de Portugal —, luta-se por todas as outras liberdades, inclusive por aquela que se obtém de *aprender a saber*. Por toda a parte há sinais de sua passagem e, quanto mais o poder do pensamento oficial procura fazer com que se esqueça do seu nome aqui no Brasil, tanto mais ele é convidado a falar em inúmeros outros países de todo o mundo. Tanto mais é lido e estudado e tanto mais o seu método é difundido e repensado. Em 1980 Paulo Freire voltou ao Brasil "para aprender tudo de novo", como ele mesmo disse, como se tivesse lido os versos de Cecília Meireles que eu coloquei no começo destes escritos. Ou, quem sabe? Foi ela quem aprendeu com ele?

III
O ABC DO MÉTODO

O trabalho da fala:
a pesquisa do universo vocabular

Métodos de alfabetização têm um material pronto: cartazes, cartilhas, cadernos de exercício. Quanto mais o alfabetizador acredita que aprender é enfiar o *saber de quem sabe* no suposto *vazio de quem sabe*, tanto mais tudo é feito de longe e chega pronto, previsto. Paulo Freire pensou que um método de educação construído em cima da ideia de um diálogo entre educador e educando, onde há sempre partes de cada um no outro, não poderia começar com o educador trazendo pronto, do seu mundo, do seu saber, o seu *método* e o *material* da *fala* dele.

Um dos pressupostos do método é a ideia de que ninguém educa ninguém e ninguém se educa sozinho. A educação, que deve ser um ato coletivo, solidário — um ato de amor, dá pra pensar sem susto —, não pode ser imposta. Porque educar é uma tarefa de trocas entre pessoas e, se não pode ser nunca feita por um sujeito isolado (até a autoeducação é um diálogo à distância), não pode ser também o resultado do despejo de quem supõe que possui todo o saber, sobre aquele que, do outro lado, foi obrigado a pensar que não possui nenhum. "Não há educadores puros", pensou Paulo Freire. "Nem educandos." De um lado e do outro do trabalho em que se *ensina e aprende*, há sempre educadores-educandos e educandos-educadores. De lado a lado se ensina. De lado a lado se aprende.

A cartilha é um saber abstrato, pré-fabricado e imposto. É uma espécie de roupa de tamanho único que serve pra todo mundo e pra ninguém. Ora, o núcleo da alfabetização é uma fala que virou escrita, uma fala social que virou escrita pedagógica. Mesmo quando há quem diga que ali tudo é neutro e que foi escolhido ao acaso, ou por critérios de pura pedagogia, todos nós sabemos que quem dá a palavra dá o tema, quem dá o tema dirige o pensamento, quem dirige o pensamento pode ter o poder de guiar a consciência. O Cipriano Neto, aquele do cordel do "Programa", saberia dizer: "quem dá o mote dá a ideia".

Outra coisa, imagine você, leitor, que por certo aprendeu a ler faz tempo e esqueceu o custo da coisa, imagine um operário chegando, depois de uma jornada macha de trabalho, na sala de aula e tendo que repetir no meio da noite:

> "Eva viu a uva."
> "A ave é do Ivo."
> "Ivo vai na roça."

Pior ainda, aqui e ali, quando fazem cartilhas e livros de leitura para adultos, os textos escolhidos para o "ensino das primeiras letras" deixam muitas vezes passar pelas entrelinhas um pensar que pensa pelo alfabetizando. Uma maneira de "dizer o mundo" que, quando é discutida, oculta na própria fala que propõe uma leitura irreal da realidade social. É quando o estudo que desvela o segredo da escrita, vela o da vida. É quando, no livra dirigido às gentes do povo, aos operários, fala o senhor, o patrão. Um exemplo recolhido pelo próprio Paulo Freire.

"Pedro não sabia ler. Pedro estava envergonhado. Um dia Pedro foi à escola e se inscreveu num curso noturno. O professor de Pedro era muito bom. Agora Pedro sabe ler. Veja o rosto de Pedro (essas lições em geral são ilustradas). Pedro está sorrindo. Ele é um homem feliz. Ele tem um bom trabalho. Todos teriam que seguir o seu exemplo" (*Pedagogia do Oprimido*).

Esta é uma das razões pelas quais este é um método que se constrói a cada vez que ele é coletivamente usado dentro de um círculo de cultura de *educadores* e *educandos*. E o trabalho de construir o repertório dos símbolos da alfabetização já é o começo do trabalho de aprender. Por isso ele deve envolver um máximo de pessoas da comunidade, do lugar onde serão formadas uma ou mais turmas de alfabetizandos. A ideia de uma ação dialogal entre *educadores* e *educandos* deve começar com uma prática de ação comum entre as pessoas do programa de alfabetização e as da comunidade.

Assim, nas primeiras experiências, depois de a comunidade aceitar envolver-se com o trabalho de alfabetização, a tarefa que inicia a *troca que ensina* é uma pequena pesquisa. É um trabalho coletivo, coparticipado, de construção do conhecimento da realidade local: o lugar imediato onde as pessoas vivem e irão ser alfabetizadas.

Esta primeira etapa pedagógica de construção do método foi chamada por Paulo Freire de vários nomes semelhantes: "levantamento do universo vocabular" (em *Educação como prática da liberdade*), "descoberta do universo vocabular" (em *Conscientização*), "pesquisa do universo vocabular" (em *Conscientização e alfabetização*), "investigação do universo temático" (em *Pedagogia do oprimido*). De livro para livro algumas palavras mudaram, mas sempre permaneceu viva a mesma ideia: a ideia de que há um *universo de fala* da cultura da gente do lugar, que deve ser: investigado, pesquisado, levantado, descoberto.

E como é que esse primeiro passo de descoberta é feito? Caderno de campo na mão, olhos e ouvidos atentos, se possível (se adequado) gravador em punho. As pessoas do "programa de educação" misturam-se com as "da comunidade". Se for viável, habitam — sem molestá-lo — o seu cotidiano. Não há questionários nem roteiros predeterminados para a pesquisa. Se houvesse, eles seriam como uma cartilha. Trariam pronto o ponto de vista dos pesquisadores. Há perguntas sobre a vida, sobre casos acontecidos, sobre o trabalho, sobre modos de ver e compreender o mundo. Perguntas que emergem de uma vivência que começa a acontecer ali.

Sobre este primeiro momento de trabalho, Aurenice Cardoso escreveu o seguinte, há cerca de 20 anos:

"O contacto inicial e direto que estabelecemos com a comunidade é durante a pesquisa do universo vocabular — etapa realizada no campo e que é a primeira do Sistema Paulo Freire de Educação de Adultos." Não é uma pesquisa de alto rigor científico, não vamos testar nenhuma hipótese. "Trata-se de uma pesquisa simples que tem como objetivo imediato à obtenção dos vocábulos mais usados pela população a se alfabetizar" (*Conscientização e Alfabetização*).

Das muitas conversas com o mundo da comunidade: pessoas, casais, famílias, pequenos grupos, equipes locais, todas as situações de vida e trabalho podem ser exploradas. É tão importante saber como os lavradores do lugar fazem o seu trabalho com a terra, como saber de que modo as mulheres guardam a sabedoria do cuidado de seus filhos. O vivido e o pensado que existem vivos na fala de todos, todo ele é importante: palavras, frases, ditos, provérbios, modos peculiares de *dizer*, de *versejar* ou de *cantar* o mundo e *traduzir* a vida.

Reuniões podem ser provocadas para efeitos de um momento da pesquisa. Elas podem ser também a hora de se trocar com as pessoas ideias sobre o trabalho de aprender a *ler* e *escrever*. Reuniões costumeiras podem ser aproveitadas para a pesquisa: rezas, festas, folganças dos moços do lugar, discussões no sindicato.

Algumas frases inteiras serão guardadas e um dia, mais tarde, devolvidas ao grupo, no círculo de cultura. Dos primeiros levantamentos no Nordeste ficaram ditos nunca esquecidos de gentes da roça: "Janeiro em Angicos é duro de se viver, porque janeiro é cabra danado pra judiar de nós". Frases como as de João Guimarães Rosa, lembrou um dia Paulo Freire. Ou foram as dele que aprenderam a ser como as das gentes do sertão?

A pesquisa do universo vocabular deve ser conduzida de tal forma que reduza sempre a diferença entre pesquisador e pesquisado. O próprio fato de que se está fazendo uma primeira etapa do método, com o levantamento, deve ser anunciado claramente. Futuros animadores de círculos de cultura, futuros alfabetizandos, devem ser incentivados a participar dos trabalhos e a avaliar o seu andamento. A todo o momento é preciso fugir da imagem da pesquisa tradicional, que se alimenta justamente da oposição pesquisador/pesquisado. O que se "descobre" com o levantamento não são homens-objeto, nem é uma "realidade neutra". São os pensamentos-linguagens das pessoas. São falas que, a seu modo, desvelam o mundo e contêm, para a pesquisa, os *temas geradores* falados através das *palavras geradoras*.

A partir do levantamento das "palavras" a pesquisa descobre as pistas de um mundo imediato, configurado pelo repertório dos símbolos através dos quais os educandos passam para as etapas seguintes do aprendizado coletivo e solidário de uma dupla leitura: a da *realidade social* que se vive e a da *palavra escrita* que a retraduz.

Ora, leitor, há uma ideia que será dita e repetida aqui algumas vezes. O método aponta regras *de* fazer, mas em coisa alguma ele deve impor formas únicas, formas sobre *como* fazer. De uma situação para outra, de um tempo para outro, sempre é possível criar sobre o método, inovar instrumentos e procedimentos de trabalho. Nas experiências feitas sob a direção de Paulo Freire houve avanços no trabalho de fazer a pesquisa do universo vocabular: 1º) a ampliação da presença ativa da comunidade, desde as reuniões de decisão sobre a pesquisa; 2º) a ampliação do próprio "universo" pesquisado que, nas primeiras experiências, esteve mais concentrado sobre o levantamento de palavras e, nas seguintes, sobre a descoberta de temas, problemas, modos de ver e viver; 3º) a ampliação dos usos do material obtido na pesquisa, dentro e fora dos trabalhos de alfabetização no círculo de cultura. Para ampliar estes usos de conhecimento pesquisado, a pesquisa pode estender-se a uma busca de dados secundários sobre a comunidade e sua região: mapas, relatórios, estudos feitos.

Façamos uma síntese. O objetivo da pesquisa do universo vocabular e temático é surpreender a maneira como uma realidade social existe na vida e no pensamento, no imaginário dos seus participantes. A pesquisa deve ser um ato criativo e não um ato de consumo. A descoberta coletiva da vida através da fala; do mundo através da palavra não deve servir apenas para que os educadores obtenham um primeiro conjunto de material de alfabetização: palavras, frases, dados, desenhos, fotos. Deve servir também para criar um momento comum de descoberta. Tal como o próprio Paulo Freire desenvolveu depois em suas ideias sobre pesquisa participante, comum significa, aqui, coparticipado entre pessoas dos dois lados do trabalho de alfabetizar: agentes de educação e as gentes da comunidade.

Procurando *palavras geradoras* o trabalho de descobri-las é, ele mesmo, um *momento gerador*, um momento de trabalho comum de que as outras etapas do método serão outras situações comuns de uma mesma descoberta aprofundada.

O trabalho sobre a fala: as palavras geradoras

Quando o trabalho da pesquisa das palavras geradoras está concluído, o que é que a equipe de trabalho tem nas mãos? Tem o seu próprio *trabalho* e ele foi o mais importante: reuniões foram feitas, decisões de encaminhamento foram tomadas com a comunidade, pessoas foram conhecidas, grupos locais de pesquisa foram organizados. Tem o *produto do trabalho* — o material da pesquisa. Tem falas registradas: escritas, gravadas, guardadas na memória. Frases como esta: "aqui o melhor mês é março, a chuva parou e o arroz a gente tá começando a colher"; ou como esta:

> "a criançada por aqui aprende é com os mais velhos, vendo a gente na roça, na lavoura todo o dia. Os menorzinhos ajuda trazendo a comida lá da casa até aqui. Os maiorzinhos já pega na enxada e ajuda na limpa".

De inúmeras frases assim — frases que recontam a vida do lugar e que devem recortar todas as suas situações, com todas as categorias de seus sujeitos — saem as *palavras geradoras* de que o método faz o seu miolo.

Quando o solitário criador de uma cartilha de alfabetização escolhe as palavras-guia para o ensino da leitura, ele lança mão de critérios puramente linguísticos que submete aos pedagógicos. Pode até ser que use critérios afetivos, mas sempre eles serão os seus, pessoais e, para os alunos alfabetizandos, arbitrários. Por isso, palavras como: Eva, Ivo, ovo, ave, sapato, são tão universais quando vazias. E, na verdade, elas nada precisam dizer nem evocar, porque tradicionalmente *alfabetizar* tem sido considerado como um trabalho mecânico de ensino de uma habilidade necessária, mas neutra. Uma espécie de mágica que vira mania, ato coletivo compulsivo com que se aprende pelo esforço do simples repetir sem refletir.

Ora, no Método Paulo Freire entra um critério que, se não é novo, apareceu repensado. Este critério novo ajuda na escolha do repertório das palavras do trabalho criativo de aprender a ler. As *palavras* são a menor unidade da *pesquisa*, assim como os *fonemas* das palavras serão a menor unidade do *método*. Mas, aqui, as palavras não são só um instrumento de leitura da língua; são também instrumentos de releitura coletiva da realidade social onde a língua existe, e existem os homens que a falam e as relações entre os homens. Portanto, as palavras precisam servir para as duas leituras e os seus critérios de escolha são três, dois deles usuais em outros métodos, o outro, novo e renovador:

1º) a riqueza fonêmica da palavra geradora;
2º) as dificuldades fonéticas da língua;
3º) a densidade pragmática do sentido.

> "A melhor palavra geradora é aquela que reúne em si a maior porcentagem possível dos critérios *sintático* (possibilidade ou riqueza fonêmica, grau de dificuldade fonêmica complexa, de manipulabilidade dos conjuntos de sinais, as sílabas etc.), *semântico* (maior ou menor intensidade do vínculo entre a palavra e o ser que designa, maior ou menor adequação entre palavra e ser designado etc.), *pragmático* (maior ou menor teor de conscientização que a palavra traz em potencial, ou conjunto de reações socioculturais que a palavra gera na pessoa ou grupo que a utiliza)" (*Fundamentação Teórica do Programa*).

Emergindo todas através da pesquisa das falas cotidianas das pessoas do lugar, convertidas na primeira escrita do método, capazes de codificarem, como símbolos da língua, as situações mais significativas da vida coletiva da vida de quem lhes fala, as palavras geradoras devem conter todos os fonemas da Língua Portuguesa e devem incluir todas as dificuldades de pronúncia e escrita (s, ss, ç, ch, x, lh e outros terrores gramaticais).

Estes dois critérios determinam a própria apresentação das palavras depois, nos dias das reuniões de alfabetização. Esta ordem é a da dificuldade crescente de leitura e escrita e da lógica de linguagem na explicação progressiva destas dificuldades.

Mas as palavras devem também conter sentidos explícitos, diretos e é bom que eles estejam carregados de *carga afetiva* e de *memória crítica*. São boas as palavras que convivem com a fala comum da gente do lugar e que, mesmo sendo de uso geral na região, sejam sentidas por quem fala como "uma coisa daqui": palavras que as pessoas usam no *toda a hora* da fala. Mas os seus sentidos devem apontar para as questões da vida, do trabalho; devem ser símbolos concretos da existência real das pessoas, como "chuva", "enxada" e "lavoura" são para o lavrador; como "favela", "tijolo" e "salário" são para o operário.

As palavras geradoras não precisam ser muitas. De 16 a 23 é o bastante. Precisam, em conjunto, responder aos três critérios de escolha. No começo dos anos 1960, para uma comunidade em Cajueiro Seco, no Recife, a equipe escolheu as seguintes: *tijolo, voto, siri, palha, biscate, cinza, doença, chafariz, máquina, emprego, engenho, mangue, terra, enxada, classe*. Para uma colônia agrícola da cidade do Cabo, em Pernambuco: *tijolo, voto, roçado, abacaxi, cacimba, fome, feira, milho, maniva, planta, lombriga, engenho, guia, barracão, charque, cozinha, sal*.

Às vezes é bom que a prática desobedeça à regra. Houve começos de experiências no Brasil onde a pesquisa do universo vocabular foi feita em escala mais ampla, envolvendo inúmeras comunidades. Isto aconteceu pelo menos uma vez no Rio de Janeiro e outra em Goiás. A ideia então foi a de reunir pesquisas de descoberta feitas em vários lugares e separar delas as que, servindo aos critérios de escolha, fossem também as mais comuns.

Assim, as palavras geradoras escolhidas para uma campanha de alfabetização nos morros e favelas do Rio de Janeiro foram estas: *favela, chuva, arado, terreno, comida, batuque, poço, bicicleta, trabalho, salário, profissão, governo, mangue, engenho, enxada, tijolo, riqueza*.

Observe, leitor, que, no seu limite mais conciso, estas poucas palavras *codificam* o modo de vida das pessoas dos lugares onde a "descoberta" foi feita. Para serem *decodificadas* num outro momento de descoberta, o do círculo de cultura, a cada palavra foi associado um núcleo de questões, ao mesmo tempo existenciais (ligadas à vida) e políticas (ligadas aos determinantes sociais das condições da vida). Este *núcleo de referência gerador* serve apenas como um roteiro de sugestão de troca de ideias, de debates nos círculos. Assim, para a palavra "batuque" os "aspectos de discussão" foram: "cultura do povo, folclore, cultura erudita, alienação cultural". Para "governo": "plano político, o poder político, o papel do povo na organização do povo, participação popular".

No Estado de Goiás, o Movimento de Educação de Base enfrentou o desafio de recriar o método para a situação de um trabalho de alfabetização através do rádio, de escolas radiofônicas. As pistas do trabalho de ensinar-aprender eram ditas pelo rádio a um monitor-animador em cada escola. Ouvindo a fala do "programa" com o seu círculo de alfabetizandos, ele deveria realizar o trabalho do diálogo da alfabetização, de que as discussões sugeridas por palavras são um momento. Com o levantamento feito em várias comunidades agrárias das regiões do Estado onde seria implantado o trabalho, foram escolhidas estas palavras: *Benedito, Jovelina, mata, fogo, sapato, casa, enxada, roçado, bicicleta, trabalho, bezerro, máquina, safra, armazém, assinatura, produção, farinha, estrada.*

Algumas outras invenções foram feitas aí, leitor, e elas ajudam a pensar, no concreto, a ideia de tomar o método como um roteiro de trabalho pedagógico e criar sobre ele, sem desvirtuar o seu sentido e a sua prática. Veja, muito ao gosto da "gente da lavoura" no sertão, as duas primeiras palavras geradoras são nomes de pessoas. São nomes comuns em Goiás e sugerem a possibilidade de se imaginar um casal de "povo da roça", uma família. Ao longo do trabalho dos grupos sobre as palavras geradoras, poderia ser construída uma história, ou uma sequencia de "causos" que, sendo de *uns "Benedito e Jovelina"*, poderiam ser de quaisquer *outros*, as gentes vivas de cada lugar; viventes reais de referência.

Por outro lado, como todo o trabalho de alfabetização era então feito em comunidades de lavradores (camponeses, parceiros, agregados, peões de lavoura), a ordem das palavras procurava seguir de perto a sequencia do ciclo do trabalho agrícola do plantio de cereais: o preparo do solo, a aração, o plantio, as limpas, a colheita, o armazenamento, a comercialização, o beneficiamento para uso próprio.

Nas experiências de trabalho mais simples, onde o aprender a *ler* e *escrever* é a parte mais importante e supera a ideia de *educadores* e *educandos* viverem o fazer o diálogo através do qual todos aprendem também a *ler* e *escrever*, a tarefa de codificação do material de alfabetização pode acabar na escolha das palavras geradoras.

A dimensão mais ampla: o tema gerador

Quando a proposta de trabalho com o método é mais ampla, esta etapa de *codificação da descoberta* continua na escolha dos *temas geradores*. Isto pode acontecer quando, mesmo na etapa de alfabetização, há um interesse em provocar debates mais a fundo sobre as questões que as palavras geradoras apenas sugerem. Acontece também, com mais frequência, quando a etapa de alfabetização é prolongada na de pós-alfabetização, para que os alunos dos grupos de cultura atinjam plenamente aquilo que os educadores chamam de *alfabetização funcional*: um domínio das habilidades de leitura, escrita e cálculo mais operativo do que o que a simples alfabetização proporciona.

Cada palavra tem o seu uso semântico próprio. Serve para introduzir os fonemas cuja recombinação, feita pelo exercício coletivo de educador e educandos, alfabetiza. Em ordem crescente de dificuldade, cada palavra ajuda a que estes resolvam, com a contribuição daquele, as questões que aos poucos esclarecem os mistérios do *ler* e *escrever*.

Mas cada palavra tem também a sua carga pragmática que, vimos, é uma combinação de teor afetivo com peso crítico. "Trabalho", "roçado", "farinha" são palavras carregadas da memória da vida de quem vive no campo, do seu trabalho. Cada palavra esconde muitas falas porque está carregada dos sinais da dor, luta e esperança de quem vive do seu trabalho, passa fome e luta por não perder a pouca terra que lhe resta.

Assim como na pesquisa do universo vocabular cada palavra geradora aparece dentro de frases, de falas das pessoas, cada palavra aponta para questões, para temas: *temas geradores*. Vamos ver um pouco adiante que, antes de *trabalhar com a palavra* para fazer o trabalho coletivo de alfabetizar e alfabetizar-se, o grupo de educandos *trabalha a questão* que a palavra geradora sugere, desafia a pensar sobre.

Durante todo o tempo da pesquisa; mais tarde, durante todo o tempo do trabalho do círculo de cultura, é preciso estar atento para o que se fala. As falas, as conversas, as frases, entrevistas, discussões dentro ou fora do círculo, tudo está carregado dos temas da comunidade: seus assuntos, sua vida. A vida da família em casa, no quintal, na lavoura; as alegrias, a devoção e o trabalho ritual das festas "do santo do lugar"; a luta coletiva contra a ameaça da expulsão das terras de trabalho do lavrador; as questões dos grupos populares organizados — grupos de jovens, de mulheres, de igrejas, de trabalho político; as questões do relacionamento das pessoas com a natureza, as tradições da cultura e as mudanças de tudo; as relações da comunidade com as tramas do poder; o sentimento do mundo.

Ora, estes temas concretos da vida que espontaneamente aparecem quando se fala sobre ela, sobre seus caminhos, remetem a questões que sempre são as das relações do homem: com o seu meio ambiente, a natureza, através do trabalho; com a ordem social da produção de bens sobre a natureza; com as pessoas e grupos de pessoas dentro e fora dos limites da comunidade, da vizinhança, do município, da região; com os valores, símbolos, ideias. Reunidos para serem materiais de discussão em fases mais adiantadas do trabalho do círculo, estes são os seus *temas geradores*.

> "Primeiramente estes temas devem ser distribuídos entre as várias ciências do homem, sem que isto signifique que no programa devam ser considerados como departamentos estanques. Significa apenas que um tema possui uma visão mais específica, central, conforme a sua situação em um domínio qualquer das especializações... O tema DESENVOLVIMENTO, por exemplo, ainda que esteja situado no domínio da economia, não lhe é exclusivo. Receberá enfoques da sociologia, da antropologia, assim como da psicologia social, interessadas na questão da mudança cultural, da mudança de atitudes e nos valores que igualmente interessam a uma filosofia do desenvolvimento" (*Contribución para el Proceso de Concientización en America Latina*).

Temas geradores foram pensados por Paulo Freire para serem usados na fase de pós-alfabetização. Falo deles aqui, descrevendo os momentos de produção do material de construção do método, porque hoje em dia a tendência é não dividir o trabalho de pesquisa de descoberta, fazendo ao mesmo tempo o levantamento de *dois níveis* de universos: o *vocabular* e o *temático*, um como núcleo gerador da fase de alfabetização, outro da de pós-alfabetização.

Tal como no caso das palavras geradoras, os temas são colecionados sob todas as formas possíveis de material: entrevistas escritas e gravadas, dados sobre o lugar, sobre a comunidade, fotos, documentos.

Uma série de temas geradores pode ser distribuída assim:

1) a natureza e o homem: o ambiente;
2) relações do homem com a natureza: o trabalho;
3) o processo produtivo: o trabalho como questão;
4) relações de trabalho (operário ou camponês);
5) formas de expropriação: relações de poder;
6) a produção social do migrante;
7) formas populares de resistência e de luta.

As palavras geradoras são instrumentos que, durante o trabalho de alfabetização, conduzem os debates que cada uma delas sugere e à *compreensão de mundo* (que é o melhor nome para a ideia de *conscientização* que nos espera algumas páginas à frente) a ser aberta e aprofundada com os diálogos dos educandos em torno aos temas geradores, instrumentos de debate de uma fase posterior do trabalho do círculo.

O material "pra começo de conversa" do Método Paulo Freire está criado (mas nunca acabado, creia, leitor), quando:

> 1º) em uma comunidade comprometida com um trabalho de educação popular existem um ou mais círculos formados ou em formação, com o seu grupo de educandos e o seu animador (um agente de educação "do programa" ou um educador já alfabetizado, da própria comunidade);
> 2º) foi feito um primeiro momento do trabalho de pesquisa de descoberta do *universo vocabular* e/ou (hoje em dia mais *e* do que *ou*) do *universo temático*;
> 3º) todo o material da pesquisa feita dentro e fora da comunidade (mas sempre sobre ela e a partir dela) foi reunido, organizado, discutido, inclusive com a gente do lugar;

4º) o instrumental do trabalho de alfabetização foi *codificado*, transformado em *símbolos de uso* no círculo de cultura: palavras geradoras, cartazes e fichas com as palavras, desenhos e fonemas, fotos, anotações com dados etc. (e, conforme o caso, muitos etc. que cada equipe saberá obter e criar);

5º) a equipe de trabalho e, sobretudo, os animadores de círculos de cultura, estão não só familiarizados com o método e o seu material específico para trabalho *no lugar*, com a sua gente, mas também treinados sobre o método a ponto de sabê-la usar, ao mesmo tempo, com eficiência autônoma e criatividade.

Nas experiências pioneiras no Brasil e no Chile, não era com o trabalho de decodificar as palavras geradoras que o método começava a ser praticado nos círculos. Era com o trabalho de pensar juntos a partir de umas *fichas de cultura* que educador-educandos principiavam o seu aprendizado.

As fichas de cultura são desenhos feitos em cartazes ou projetados em *slides*. Uma após a outra, elas provocam os primeiros debates, as primeiras trocas de ideias entre o animador e os educandos, ou entre os educandos. Em conjunto elas introduzem ideias de base que, partindo de *situações existenciais*, possibilitam a apreensão coletiva do conceito de *cultura* e conduzem a outros conceitos fundamentais que muitas vezes reaparecerão e serão rediscutidos durante todo o trabalho de alfabetização: "trabalho", "diálogo", "mundo", "natureza", "homem", "sociedade".

Algumas vezes a equipe do método trazia pronta as suas fichas de cultura. Outras vezes elas eram criadas na própria comunidade, inclusive com desenhos sugeridos aos próprios artistas do lugar. Eram levantadas durante os momentos de pesquisa da descoberta e eram desenhadas depois de discutidas, durante o trabalho de codificação dos dados e situações descobertas.

Mas como tudo no método implica criação, ajustamento do próprio instrumental de trabalho às condições e peculiaridades de cada lugar de seu uso, aqui e ali as fichas de cultura passaram, de desenhos imaginados, para sequencias de fotos em que as próprias ideias que elas devem sugerir eram imagens concretas da vida das pessoas da comunidade.

Ao falar de como o método é vivido, quero apresentar as sequencias originais destas fichas.

O TRABALHO COM A FALA: O CÍRCULO DE CULTURA

Dá pra desconfiar que "círculo de cultura" é uma ideia que substitui a de "turma de alunos" ou a de "sala de aula". "Círculo", porque todos estão à volta de uma equipe de trabalho que não tem um professor ou um alfabetizador, mas um animador de debates que, como um companheiro alfabetizado, participa de uma atividade comum em que todos se ensinam e aprendem. O animador coordena um grupo que não dirige e, a todo momento, anima um trabalho orientando uma equipe cuja maior qualidade deve ser a participação ativa em todos os momentos do *diálogo*, que é o seu único *método de estudo* no círculo.

"De cultura", porque, muito mais do que o aprendizado individual de "saber *ler* e *escrever*", o que o círculo produz são modos próprios e novos, solidários, coletivos, de pensar. E todos juntos aprenderão, de fase em fase, de palavra em palavra, que aquilo que constroem é uma outra maneira de fazer a cultura que os faz, por sua vez, *homens, sujeitos, seres de história* — palavras e ideias-chave no pensamento de Freire.

Reler o Mundo: as fichas de cultura

Uma noite está tudo pronto. O pessoal do círculo convocado e então "a coisa" começa.

Quando sente que dá, o animador coloca diante de todos o primeiro cartaz das fichas de cultura. Ele chama a atenção para o desenho, a gravura. Sugere que digam o que estão vendo: o que a figura mostra? Quais são as partes, os elementos dela? O que será que ela quer dizer? Com o que é que parece?

Este é o desenho que foi usado nos primeiros círculos de cultura do Nordeste. A discussão dele pode tomar todo o tempo da primeira reunião do círculo. Pode continuar no outro dia. Paulo Freire escreveu assim sobre esta gravura:

> 1ª situação — o homem *no* mundo e *com* o mundo. Natureza e cultura.

Através do debate desta situação, em que se discute o homem como um ser de relações, se chega à distinção entre os dois mundos — o da natureza e o da cultura. Percebe-se a posição normal do homem como um ser no mundo e com o mundo.

> "Como um criador e recriador que, através do trabalho, vai alterando a realidade. Com perguntas simples, tais como: quem fez o poço? por que o fez? como o fez? quando?, que se repetem com relação aos demais 'elementos' da situação, emergem dois conceitos básicos: o de *necessidade* e o de *trabalho* e a cultura se explicita num primeiro nível, o de subsistência. O homem fez o poço porque teve necessidade de água. E o fez na medida em que, relacionando-se com o mundo, fez dele objeto de seu conhecimento. Submetendo-o, pelo trabalho, a um

processo de transformação. Assim, fez a casa, sua roupa, seus instrumentos de trabalho. A partir daí, se discute com o grupo, em termos evidentemente simples, mas criticamente objetivos, as relações entre os homens, que não podem ser de dominação nem de transformação, como as anteriores, mas de sujeitos" (*Educação como Prática da Liberdade*).

Nos primeiros tempos do método as outras situações eram as seguintes:

2ª) o diálogo entre os homens mediatizado pela natureza;
3ª) o caçador iletrado, o índio;
4ª) o caçador letrado, a cultura letrada, diferenças de culturas;
5ª) o caçador gato, cultura e natureza;
6ª) o homem transforma a matéria da natureza através do seu trabalho;
7ª) um jarro, produto do trabalho do homem com a natureza, utilidade e beleza, a arte;
8ª) uma poesia, a cultura espiritual;
9ª) padrões de comportamento dos homens e entre os homens;
10ª) um círculo de cultura funcionando, síntese de todas as discussões anteriores.

Acho que é uma boa ideia transcrever também que Paulo Freire falou há muitos anos a respeito desta última "situação existencial provocadora". Ela é um exemplo de como se sugeria indicar o andamento das discussões e antecipa, leitor, as páginas em que descrevo o seu pensamento sobre o homem e a educação.

10ª situação — círculo de cultura funcionando. Síntese das discussões anteriores.

"Esta situação apresenta um círculo de cultura funcionando. Ao vê-la, facilmente se identificam na representação. Debate-se a cultura como aquisição sistemática de conhecimentos e também a democratização da cultura, dentro do quadro geral da 'democratização fundamental', que caracteriza o processo brasileiro.

> "A 'democratização da cultura', disse certa vez um desses anônimos mestres analfabetos, 'tem de partir do que somos e do que fazemos como povo. Não do que pensem e queiram alguns de nós'. Além desses debates a propósito da cultura e de sua democratização, analisava-se o funcionamento de um círculo de cultura, seu sentido dinâmico, a força criadora do diálogo, o aclaramento das consciências. Em duas noites são discutidas estas situações, motivando-se intensamente os homens para iniciar, na terceira, a sua alfabetização,

Exemplos de fichas de cultura (nºs 3 e 6).

Situação existencial provocadora.

que é vista, agora, como uma chave para abrir a eles a comunicação escrita.

"Só assim a alfabetização cobra sentido. E a consequência de uma reflexão que o homem começa a fazer sobre sua própria capacidade de refletir. Sobre sua posição no mundo. Sobre o mundo mesmo. Sobre seu trabalho. Sobre seu poder de transformar o mundo. Sobre o encontro das consciências. Reflexão sobre a própria alfabetização, que deixa de ser assim algo externo ao homem, para ser dele mesmo. Para sair de dentro de si, em relação com o mundo, como uma criação.

"Só assim nos parece válido o trabalho da alfabetização, em que a palavra seja compreendida pelo homem na sua justa significação: como uma força de transformação do mundo. Só assim a alfabetização tem sentido. Na medida em que o homem, embora analfabeto, descobrindo a relatividade da ignorância e da sabedoria, retira um dos fundamentos para a sua manipulação pelas falsas elites. Só assim a alfabetização tem sentido. Na medida em que, implicando em todo este esforço de reflexão do homem sobre si mesmo e sobre o mundo em que e com que está, o faz descobrir que o mundo é seu também, que o seu trabalho não é a pena que paga por ser homem, mas um modo de amar — e ajudar o mundo a ser melhor" (*Educação como Prática da Liberdade*).

Estas são as finalidades das fichas de cultura, que sugerem os debates a partir das imagens das situações existenciais: levar o grupo de educandos a rever criticamente conceitos fundamentais para pensar-se e ao seu mundo; motivá-lo para assumir, crítica e ativamente, o trabalho de alfabetizar-se. Quando você chegar nas últimas páginas do livro, leitor, descobrirá o que de certo já sabe, ou já imagina. O trabalho com as fichas de cultura introduzia questões, inaugurava conceitos e convidava a ideias de um pensar que é, na verdade, o do próprio fundamento do método: de sua filosofia e de sua pedagogia.

Desde este primeiro trabalho coletivo *dentro* do círculo (porque *antes* dele já houve muito) é fundamental que o animador preserve o espírito de *diálogo e participação* que terá sido o da equipe, desde o seu aparecimento na comunidade. É importante que o grupo não apenas participe, como uma espécie de *coro* que segue e repete *solo* do animador. É preciso que haja sempre o que Paulo Freire chamou um dia de "participação criadora". Assim, ele não deve fazer, *por* sua conta e *para* os educandos, a *decodificação* da gravura. Já que é decodificando um desenho em ideias, em símbolos da fala, que o grupo cria e os educandos aprendem, é preciso que seja seu este trabalho. O animador deve sempre evitar *fazer para* ou *por*. Deve criar as situações em que, com a sua ajuda, o grupo faça o trabalho de pensar, de refletir coletivamente. Por isso ele não guia, mas favorece, orienta.

Ao refletir com o grupo, não deve conduzir debate sobre as situações existenciais — e, mais tarde, a partir das palavras geradoras — como se tudo fosse um jogo de adivinhação: "o que é que vemos aí? E agora?". O grupo deve sentir que o trabalho é de *problematização* de uma realidade que a todos envolve: o que a gravura sugere? Em que um dos seus elementos se distingue do outro? Por que é assim e não de outra maneira? Como poderia ser? Como deveria ser? Qual o sentido do que se fala, do que se discute a partir do que todos veem?

Quando surgirem as palavras articuladoras do pensamento crítico: *homem, mundo, trabalho, natureza, cultura, diálogo, educação, direitos, justiça, liberdade, criação* e tantas outras, é sobre elas que o animador deve provocar um pensar coletivo mais demorado. Estas palavras poderiam ser chamadas de *articuladoras*. Elas mais adiante vão somar-se com as *geradoras*, as de alfabetização e lhes vão dar sentido. E vão articulá-las com um pensamento crítico que deverá, por sua vez, articular-se com o próprio pensar sobre a vida e a condição de vida das pessoas do círculo de cultura.

Reles a fala: as palavras geradoras

Cada palavra geradora tem o seu desenho e é com ele, nele, que ela aparece no círculo. Parte do trabalho de construção do método, na etapa anterior, será o de elaborar o conjunto do material de cada uma das palavras, tal como ele vai aparecer daqui para frente.

Depois de completar a sequencia das fichas de cultura, o animador pode mostrar ao grupo a primeira palavra geradora. Isso deve ser feito, por exemplo, logo depois da discussão da última situação existencial sugerida pela ficha 10ª, caso ela tenha terminado antes de haver chegado a hora combinada para os trabalhos se encerrarem, cada vez.

Do mesmo jeito como no caso da sequencia de cartazes "de cultura", os "das palavras geradoras" devem sugerir, de maneira muito natural, um debate a respeito do que é visto.

Nas primeiras experiências do Nordeste, para que o próprio animador tivesse em mãos um roteiro que o ajudasse a encaminhar os trabalhos de cada palavra, foi costume elaborar uma espécie de "plano de palavra" para cada uma. Assim, em 1961 em Mossoró e Angicos, era este o encaminhamento da palavra geradora: *salário*.

> "Palavra geradora: *salário*
> ***Ideias para discussão:***
> • a valorização do trabalho e a recompensa.
> • finalidade do salário: manutenção do trabalhador e de sua família.
> • o horário do trabalho segundo a lei.
> • o salário mínimo e o salário justo.
> • repouso semanal — férias — décimo terceiro mês.
> ***Finalidades da conversa:***
> • levar o grupo a discutir sobre a situação do salário dos camponeses.
> • discutir o porquê dessa situação.
> • discutir com o pessoal sobre o valor e a recompensa do trabalho.
> • despertar no grupo o interesse de conhecer as leis do salário.
> • levar o grupo a descobrir o dever que cada um tem de exigir o salário justo.

Encaminhamento da conversa:
- o que é que vocês estão vendo neste quadro?
- como é que está a situação do salário dos camponeses? por quê?
- o que é o salário?
- como deve ser o salário? por quê?
- o que é que a gente sabe das leis sobre o salário?
- o que podemos fazer pra conseguir um salário justo?"

(Método Paulo Freire — *Manual do Monitor* — documento mimeografado a álcool e quase apagado, para os círculos de cultura de Mossoró e Angicos em 1961 e 1962).

Em nome da prática de debate já adquirida pelo grupo, o animador poderá reduzir as suas perguntas e deixar que seja livre a troca de ideias que a "figura da palavra" sugere. Assim, o grupo cria o seu tempo e o círculo discute à vontade, até quando sente que chega e começa a dar ao coordenador sinais de que a hora de "trabalhar a palavra" chegou.

Quero criar aqui uma imagem da situação do trabalho de alfabetização a partir das palavras geradoras. Tomo como exemplo a primeira palavra que aparece na versão do método desenvolvida pelos educadores do Movimento de Educação de Base, em Goiás, no ano de 1964 (que ano, heim, companheiro?). A primeira palavra foi *Benedito* e no primeiro cartaz ela aparece assim:

Benedito

Quando o grupo diz ou quando o animador percebe que é hora de falar na palavra, ele chama a atenção para ela, escrita. Ele aponta, caminha com os dedos pelo traçado do fio dela e pode falar alguma coisa assim:

> "Tão vendo, pessoal? Olha, esse homem que a gente tava falando sobre ele e a vida dele, o nome dele tá escrito aqui embaixo. Assim, ó: *Benedito* (lê devagar, acompanhando a palavra com os dedos ao longo da palavra, sem separar artificialmente as suas sílabas). Olha gente: *Benedito, Benedito*. Outra vez: *Benedito*. Agora, vamos ver se vocês repetem comigo. Vamos lá: *Benedito, Benedito, Benedito*. Isso gente. A senhora, Dona Maria: Benedito, Benedito. João, você aí atrás: *Benedito*. Vocês estão vendo? *Benedito*."

A mão do monitor passeia pelo nome escrito cada vez que ela é pronunciada. Não se trata de memorizar, de decorar o nome. O que vale é ver o nome da palavra que se diz alto e repete. Ora, no meio do exercício de falar e repetir, vendo, mostrando, apontando, o animador pode colocar sobre a palavra geradora do cartaz uma mesma palavra, igual no nome e no desenho das letras, só que escrita em uma pequena ficha, assim:

Benedito

Um pouco adiante, depois de haver repetido de novo a *leitura* de ver com todos e com alguns, ele puxa por cima o cartaz da figura, de modo que, da "figura com a palavra", fica a "palavra sem a figura". Ele repete o "letrume" agora, do mesmo modo. "Letrume" era como, nos primeiros círculos de cultura, as pessoas da roça chamavam as letras das palavras, as palavras e seus pedaços. Mais algumas repetições de ver podem ser feitas e, então, o monitor coloca diante do círculo outro cartaz com o nome desdobrado em seus fonemas — pedaços:

Be - ne - di - to
be bi ba bu bo
ne ni na nu no
di de da du do
to te ta tu ti

"Olha aí, gente. Uma casa não tem as suas partes: quarto, cozinha, sala, varanda? Tudo no mundo não tem os seus pedaços? Pois uma palavra também. Tão vendo? *Benedito* tem esses pedaços aí, assim: Be-ne-di-to, Be-ne-di-to, Be-nedi-to."

O monitor lê, acompanha com as mãos as sílabas, os fonemas, na medida em que os pronuncia. Repete. Depois mostra no todo o que é, abaixo, desdobramento do conjunto de cada fonema.

"Presta atenção agora. Que a gente tem aqui, Ó, aqui assim? Cada pedaço do nome do Benedito tem a sua família. Aqui tá escrito o *Be* do *Benedito*, aqui o *ne*, o *di*, o *to*. Agora, desse jeito assim tá a família do *Be* completinha: *be, bi, ba, bu, bo*. De novo, olha gente: *be, bi, ba, bu, bo*. Vamos lá, todo mundo: *be, bi, ba, bo, bu*. Joca Ramiro, você agora, dá pra ser? *be, bi, ba, bo, bu*. Agora aqui tem a família do *ne: ne, ni, na, nu, no*. Quem é que lê comigo? Benedito, você que tem o mesmo nome, vamos lá: n*e, ni, na, nu, no.*"

Todos veem, leem e repetem com o monitor, sozinhos, em coro. A mão acompanha agora os pedaços, saltando de um para o outro. Se no meio dos comentários sobre o exercício que devem ser deixados tão livres quanto possível — surge a visão espontânea e a ideia das vogais, o animador pode chamar a atenção sobre elas. Elas são "a parte que muda em cada família": *Be, ne, di, to, Be, bi, ba, bu, bo*. Pode até escrever no quadro ou apresentar um cartaz com elas e repeti-las com os educandos.

Mais adiante chega o momento mais criativo do trabalho. Ele coloca diante de todos a *ficha* de descoberta:

> **ba be bi bo bu**
> **na ne ni no nu**
> **da de di do du**
> **ta te ti to tu**

Ela reintroduz o começo de outro momento importante de criação e de aprendizagem. A partir dela o grupo para de repetir o que vê e começa a criar com o que repetiu vendo. Há, portanto, muito mais trabalho sobre este cartaz do que sobre todos os outros juntos. Depois de mostrar e repetir um pouco ainda as famílias, o animador lembra pro grupo que, assim como de *Benedito* foi possível separar os pedaços e compor a família, juntando de novo os pedaços se pode formar: *Benedito*, ou outras palavras, conforme se faz o novo arranjo.

Primeiro ele lê os fonemas em todas as direções possíveis: a) na horizontal — *ba, be, bi, bo, bu*; b) na vertical — *ba, na, da, ta*; c) em diagonais livres — *ba, ne, di, to; bu, no, di, te*; d) salteadas, ao acaso — *be, to, di, na, du*. Se algum alfabetizando demonstrar vontade de fazer o mesmo, nada melhor. Ele poderá repetir o que vê de seu lugar. Pode vir até no cartaz e mostrar. Outros podem fazer o mesmo. O grupo é dono de seu tempo, e de seu trabalho.

A passagem de uma maneira de ler para uma outra deve ser realizada quando o monitor sente que cada ordem está bem reconhecida. A mão não acompanha, como antes, o que a leitura fala da ficha de descoberta. Quando sente que ficou maduro o trabalho, o animador pode dizer:

> "Olha, gente, do mesmo jeitinho como se pode pegar uma palavra como o nome *Benedito* e separar as partes dele: *Be, ne, di, to* e de cada uma fazer cada família: *ba, be, bi, bo, bu*, do mesmo jeitinho a gente pode reunir de novo os pedaços e formar a palavra do nome de *Benedito*, assim: *Benedito* (ele reúne os pedaços apontando cada um com a mão) *Benedito*. E a gente pode formar outras, não pode? Do jeito como juntar de novo os pedaços. Quem é que quer tentar, gente?"

Se alguém no círculo se animar a criar qualquer palavra, isso deve ser muito incentivado. Mas o animador não deve insistir sobre o grupo e, menos ainda, sobre uma pessoa. Caso sinta que ainda não dá — e isso acontece apenas nas primeiras palavras — ele mesmo pode criar, formar novas palavras simples, acompanhando a fala com o gesto de apontar em movimento cada pedaço e todos os que formam a palavra

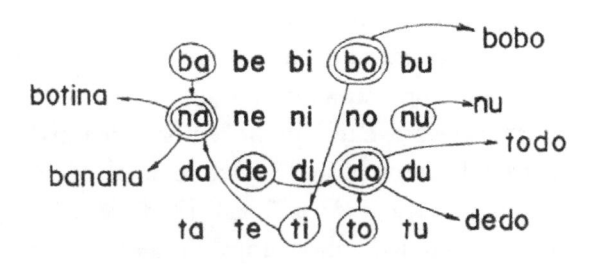

```
                    ┌──────→ bobo
       ba  be  bi  bo  bu
botina─┐              
       na  ne  ni  no  nu ──→ nu
                              ──→ todo
banana─ da  de  di  do  du
        ta  te  ti  to  tu ──→ dedo
```

"Ninguém? Tá bom. No começo pode ser meio difícil mesmo. Então eu começo, olha lá: *ba, na, na — banana*. De novo, assim, ó: *ba, na, na — banana*. Agora, vejam: *de, do — dedo*. Tão vendo? *de, do — dedo* (e o dedo aponta o dedo que a fala pronuncia). Agora, aqui: *bo, ti, na — botina*. Tem vez que um pedaço já é palavra: *nu*."

O coordenador do círculo deve construir apenas algumas poucas palavras. Deve mostrar, sem ensinar como, uma lógica, um processo de reconstrução de palavras. Se no meio de seu trabalho alguém quiser FORMAR UMA PALAVRA, TUDO BEM. Que ele faça.

De novo deve incentivar o grupo a que faça trabalho de criar outras palavras, ou de recriar as mesmas que ele acabou de formar. As pessoas podem ser convidadas a fazerem como ele, a virem na frente pra tentar a coisa. Alguns chegam perto, apontam pedaços, formam palavras: "palavras de pensamento", como *bota*, "palavras mortas", como *benu* (se é que em algum canto ela não existe). De início todas servem, desde que sejam feitas. Só mais tarde é que ele poderá mostrar a diferença.

Com muita alegria Paulo Freire lembra que um dia, em cima da ficha de descoberta de *tijolo*, um alfabetizando de Brasília construiu: *tu já lê* (tu já lês). Durante o resto do tempo de uma reunião, todos juntos podem formar palavras. O monitor pode escrevê-las no quadro (ou num outro cartaz em branco, se não houver quadro-negro). Caso tenha havido muito trabalho de criação de palavras, ele pode interromper o processo quando sentir que começa a cansar. Pode mostrar todas as palavras criadas, escritas por ele, e chamar a atenção de todos lembrando que aquilo foi o trabalho do grupo.

Caso alguém queira, pode vir ao quadro e escrever uma ou mais palavras. Se a turma sentir vontade, o que resta do tempo pode ser aproveitado para que, em seu lugar, cada um escreva — desenhe — as palavras que quiser.

Os educandos devem ser incentivados a escreverem em casa todas as palavras que forem capazes de formar, sejam elas iguais ou não às que foram formadas na reunião. Na experiência do MEB de Goiás, os educandos recebiam para cada palavra uma pequena folha que, em parte, reproduzia o trabalho feito e sugeria novos exercícios. Com o tempo eles iam montando o seu próprio material de estudo pessoal:

estas folhas-fichas recebidas, as folhas em que escrevem as suas palavras, seus desenhos, mais tarde, suas anotações e assim por diante. Veja uma das fichas pessoais sobre uma palavra geradora na página seguinte.

O trabalho de escrever é muito difícil para alguns adultos, por isso houve casos em que se desenvolveram exercícios de coordenação motora.

Na reunião seguinte à primeira, o trabalho do círculo pode começar com o convite para que os alfabetizandos leiam alto as palavras que formaram em casa. Que venham à frente e formem, no cartaz da descoberta, as suas palavras. Quem quiser, que as escreva para todos. Outros podem dizer as suas, simplesmente. O animador poderá ir escrevendo na medida em que elas são faladas.

Ora, esgotado o trabalho sobre uma palavra geradora, o animador pode sugerir que se trabalhe sobre a segunda. Ele procede da mesma maneira e, de uma para a outra, certamente contará com uma participação mais intensa e mais sábia dos educandos. De novo o grupo debate o que a palavra geradora sugere. No caso de Goiás, a segunda palavra geradora é *Jovelina* que, além de ser muito rica para a formação de outras palavras, sugere outra pessoa e, muitas vezes, a associação a um casal de gente da roça: *Benedito e Jovelina*.

No trabalho de formação de palavras, de uma para a outra, fonemas das anteriores podem ser convocados para

trabalho

tra tre tri tro tru

ba be bi bo bu

lha lhe lhi lho lhu

1	2
lha ga te tri do	*trabalho*
----------------	*tropa*
----------------	*colheita*
----------------	

somarem com os de uma nova palavra. Em certos momentos duas palavras podem aparecer lado a lado em seus cartazes de descoberta, o que, por certo, multiplica o poder de criação do grupo.

Palavras mais difíceis podem ser apresentadas mais tarde. Em Goiás primeiro vinham: *Benedito, Jovelina, mata, fogo, sapato, casa*. Todas elas são palavras simples, com os fonemas em ordem direta — consoante + vogal — e sem dificuldades maiores de construção. Depois vinham: *enxada, chuva* (x e ch), *roçado* (o terrível ç), *bicicleta, trabalho* (tr e lh), *bezerro* (z, s, ss, ç — que língua desgraçada!) *safra* (fr), *máquina* (qui, que), *armazém, assinatura, produção, farinha* (nh), *estrada* (tr).

As dificuldades são apresentadas, discutidas. Sobre elas o monitor deverá trabalhar mais tempo deixando, no entanto, que as dificuldades maiores apareçam quando o grupo estiver pronto para enfrentá-las por sua conta. Exemplo, para a palavra geradora casa a ficha de descoberta foi escrita assim:

ca _ _ _ _ co cu
sa se si so su

e a questão de *ce, ci, que, qui* foi empurrada mais pra frente, quando o grupo teve que encarar: *máquina*.

Entre palavras geradoras frases completas podem ser escritas com poucos fonemas. É para este exercício, que torna muito motivante e criativo o trabalho coletivo de construir a língua no ato de aprender a ler, que o animador deve caminhar, quando sentir que há material bastante para fazê-lo com todos.

Creia, leitor, que com os fonemas de *Benedito* e *Jovelina* dá para formar:

Benedito vive
Jovelina vive
Benedito lida o dia todo
Jovelina ajuda Benedito na labuta.

Um pouco mais à frente dá pra fazer, entre outras:

o sapato de Jovelina acabou.
Ela lida na casa de sapé.
Benedito capina.
Ele usa a enxada na capina.

Por que é que você não tenta algumas, leitor? Misture os fonemas das palavras que listei acima e faça a coisa. Fazendo, sentindo, dá pra compreender melhor como é que funciona.

No fim das palavras — mas não do trabalho — os alunos estão formando não só frases curtas, ou pequenas falas escritas, mas períodos: "ideias completas". As folhas que recebem de tempos em tempos sugerem algumas e eles são incentivados todo o tempo a fazerem os seus próprios escritos: bilhetes aos companheiros, pequenas "redações", notícias de fatos do lugar, jornal do grupo.

Com os fonemas das palavras geradoras do "Paulo Freire de Goiás", deu para escrever:

O TRABALHO

Benedito vende sua produção na feira.

A produção é o resultado de um ano de trabalho.

Trabalho do Benedito e de toda sua família.

Nesse trabalho, Benedito deixou seu suor, seu esforço.

Esse trabalho é quase um pedaço dele mesmo.

AJUSTAR, INOVAR, CRIAR

Nada mais quadrado, companheiro, do que enquadrar o método. Do que pensá-lo como uma forma sobre o fazer, e não como uma forma de fazer. Nada pior do que pensar: "o método é assim e deve ser seguido assim". Você se lembra da ideia do *caminho*? Pois é...

Desde as primeiras ideias de Paulo Freire e sua equipe da Universidade Federal de Pernambuco nada precisa ser rígido no método. Ele não se impõe sobre a realidade, sobre cada caso. Ele serve a cada situação. O mesmo trabalho coletivo de *construir* o método, a cada vez, deve ser também o trabalho de *ajustar, inovar* e *criar* a partir dele.

Nada é rígido e não há receitas. Nada é lei, a não ser as leis da lógica do ato de aprender e os princípios gramaticais da língua. Há uma proposta de trabalho-diálogo e há uma lógica no processo coletivo de aprender a *ler e escrever*. Fora disso cada situação é uma situação e coisa alguma é melhor para um círculo de cultura para a comunidade à qual o círculo se abre — do que aquilo que a sua gente descobre, com o próprio trabalho, que é bom, que amplia o diálogo, que favorece uma leitura crítica da realidade social e uma leitura correta da língua, que é parte desta realidade.

Há cerca de 20 anos[3] atrás os primeiros testes com o método produziram resultados surpreendentes. Dava para alfabetizar (a nível elementar, entenda-se bem) em 40 horas uma turma de adultos dos fundos do Nordeste. Às vezes dava pra fazer todo o trabalho em até 36 horas. Mas em 1964 as escolas radiofônicas do Movimento de Educação de Base em Goiás adaptaram o método para um programa de pelo menos 6 meses de duração. E quando no pequeno patrimônio de Santa Fé, 16 anos depois, algumas pessoas retomaram o "Paulo Freire do MEB" para trabalhar com uma turma de jovens e adultos lavradores, descobriram que o grupo arrumou assunto para discutir *Benedito* durante 5 reuniões e, no 4º mês, o grupo estava ainda na 8ª palavra geradora.

---
[3] Refere-se aos anos 1960.

Quero falar aqui de alguns exemplos de uso do método para dizer, mais com eles do que com minhas ideias, como um trabalho pedagógico de criar através do fazer solidário, deve começar pela própria coragem de se recriar a cada vez.

As experiências pioneiras do Nordeste e do Rio de Janeiro

Em Recife (a primeira experiência em D. Olegarinha, pelo MCP — Movimento de Cultura Popular), em Angicos, em Mossoró, em João Pessoa, o método foi trabalhado tal como pensado inicialmente. O círculo começava sempre pelo debate em torno das fichas de cultura e de suas situações existenciais.

As palavras geradoras eram introduzidas depois com pequenas diferenças, frente ao modo como se trabalhou com elas em Goiás.

Veja, leitor, como alguns anos depois, lembrando o começo do mesmo trabalho, agora feito no Rio de Janeiro, Paulo Freire sintetizava os passos:

> *"Palavras geradoras*
> 1. FAVELA — necessidades fundamentais:
> a) habitação
> b) alimentação

c) vestuário
d) saúde
e) educação

...Analisada a situação existencial que representa em fotografia aspecto de uma favela e em que se debate o problema da habitação, da alimentação, do vestuário, da saúde, da educação, numa favela e, mais ainda, em que se descobre a *favela* como situação problemática, se passa à visualização da *palavra*, com a sua vinculação semântica. Em seguida: um *slide* apenas com a palavra

FAVELA

Logo depois: outro, com a palavra separada em suas sílabas:

FA – VE – LA

Após; a família fonêmica:

FA – FE – FI – FO – FU

Segue-se

VA – VE – VI – VO – VU

Em outro *slide*:

LA – LE – LI – LO – LU

Agora, as três famílias

FA – FE – FI – FO – FU ⎫
VA – VE – VI – VO – VU ⎬ Ficha da Descoberta
LA – LE – LI – LO – LU ⎭

O grupo começa a criar então palavras com as combinações à sua disposição" (*Educação como Prática da Liberdade*).

O trabalho no interior de Goiás, hoje

No patrimônio de Santa Fé, município de Jussara, caminho do Rio Araguaia, os lavradores quiseram um "estudo de *ler e escrever*". Ali é um lugar onde, como em tantos outros hoje em dia, já existe um trabalho popular organizado. Grupos da comunidade, grupos de lavradores militantes de classe, grupos da Pastoral Popular da Igreja. Já existe há algum tempo, portanto, um trabalho costumeiro que traz uma nova ordem de mobilização à ordem tradicional da vizinhança, do mutirão, dos grupos camponeses de trabalho religioso, como as folias de Santos Reis.

Num canto do lugarejo, a gente do lugar fez uma "escola" num ranchão de madeira e palha de Buriti. Agentes de pastoral, professores, foram convocados por representantes da comunidade para ajudar no andamento da ideia.

Pessoas alfabetizadas do próprio lugar foram preparadas para fazerem o trabalho do animador.

Nas reuniões iniciais foi pensada uma pesquisa que deveria levantar dados sobre as condições de vida, sobre as relações (dramáticas) de trabalho agrário no lugar e, especificamente, sobre questões de educação. O pessoal do lugar pensou em um trabalho de descoberta nos moldes de *pesquisa participante*. Esta era uma modalidade de trabalho co-participado de descoberta que Paulo Freire e o pessoal do IDAC haviam desenvolvido na Europa e que, ali mesmo em Goiás, havia sido realizada em uma pesquisa anterior sobre condições atuais e direitos do povo à saúde[4].

Havia pressa em começar logo o trabalho do círculo de cultura, antes das chuvas, se possível. Para a primeira turma a ideia foi a de os próprios educandos, com o animador e mais a ajuda dos professores, fazerem a *pesquisa na comunidade* ao mesmo tempo em que se começasse o trabalho de alfabetização da primeira turma. Então alguém lembrou do "Paulo Freire de Goiás". 16 anos depois ele foi descoberto (com emoção), num canto de prateleira do Centro de Treinamento da Diocese de Goiás, Livre da poeira do tempo, ele emergiu para o trabalho do grupo.

---

[4] Sugiro ao leitor que leia *A Pesquisa Participante*, que esta mesma editora lançou em 1981. Ali estão reunidos estudos e experiências de trabalhos de pesquisa com a participação do povo. Há um estudo escrito pela equipe do IDAC, outro que reproduz uma conferência de Paulo Freire sobre o assunto, na África. Há também a reprodução do texto completo da pesquisa de Goiás, *O Meio Grito*.

As palavras geradoras, 16 anos depois, pareciam haver saído da própria comunidade. Antes elas foram discutidas com algumas pessoas do lugar, para que juntos resolvessem se podiam ser deles também.

Não se pensou em fichas de cultura. Ali havia uma gente do sertão acostumada a se reunir em várias situações de grupos orgânicos de movimentos populares (grupos de mulheres, de jovens, de lavradores). Havia um hábito já arraigado, na vida e na cultura do lugar, de se discutir o mundo a partir dos problemas da comunidade. Estas foram as questões levadas para dentro do círculo de cultura. Os conceitos fundamentais emergiam das discussões que o dia a dia da vida conduzia da comunidade para o grupo de educandos.

Benedito deu noites de debates entre todos. Havia vários Beneditos conhecidos e todos viviam um momento difícil da vida do "pobre do lugar". Não havia um roteiro — e não há, até agora — para cada palavra geradora. São os acontecimentos que associam a vida concreta à sugestão das palavras geradoras, o que provoca o debate de cada noite. Naquele ano (1980) os lavradores do lugar perderam com a falta de chuva a lavoura do arroz e, depois, a do feijão. O recurso foi se empregarem de "boia-fria" catador de semente de capim pras fazendas em volta do povoado e suas terras. Fazendas que, por ironia do destino (ou do sistema?), continuamente ameaçavam de expropriação de suas terras os lavradores de Santa Fé.

Estes são os assuntos de debate entre os educandos. Como ali são muitos os artistas de viola e voz, não é raro que se comece um círculo cantando uma das muitas canções "dos lavradores de Goiás"[5] que correm de boca em boca; de silêncio em silêncio de espanto em espanto da consciência. O que é que precisa aprender sobre a realidade, uma gente que dá lições dela, como em *Espelho da Realidade*, uma moda de viola de um lavrador de perto?

"Os patrão que tem fazenda
Pros pião já tem falado:
Vou arranjá um vaqueiro
Não quero mais agregado
Vou deixá de tocar roça
Os meus plano tá mudado
Vou fazer esta coleita
Porque sou financiado
Lavoura não dá mais nada
Eu já tá sacrificado
Minhas máquinas é tudo cara
Adubo é um preço danado
Na lavoura eu ponho capim
Vou forma pasto pro gado!'

O pobre do lavrador
Já fica bem apertado
Não tem roça pra plantá
Já fica encabulado
Vem mudando lá da roça
Pra cidade e povoado
Acaba tudo o que tem
Fica bem desequilibrado
Seu dinheiro já acabou
Começa comprá fiado
Serviço ele não acha
Não pode ficá parado
O nome dele acaba
Ele fica desmoralizado.

---

[5] Ver *Canto dos Lavradores de Goiás*, folheto e fita cassete publicados pelo Centro de Reflexão e Documentação, de Goiânia.

Imagina a sua vida
Deste jeito aqui não dá
Lá em casa não tem nada
Não tem jeito de comprá
Vai beber uma pinguinha
Pra poder se disfarçá
Fica tonto o dia inteiro
Cai aqui, cai acolá
Chega em casa embriagado
Com a família vai brigá
Não tem fogo, falta lenha
Nada tem pra alimentá
A situação obriga
Ele resolve a roubá.

Falta terra, falta tudo
Falta a alimentação
Fais o cabocro ficá
Na triste situação
O povo doente e fraco
Prejudica a nação
Faz o homem cachaceiro
Fais outro virá ladrão
Fais mulher mudá de vida
Pra poder ganhá o pão
Traz a fome e a miséria
Perigo a humanidade
Dá uma revolução.

O cabroco adoece
Não tem jeito de tratá
Panha folha e raiz
Faz todo o tipo de chá
Assim mesmo sem dinheiro
Procura o hospital
Ele não vai atendido
Porque não pode pagá
Procura o seu direito
Através do FUNRURAL
Sai de lá só com a receita
Remédio não tem pra dá,
Só se ferver a receita
E dá pro doente tomá.

Tem fazenda e fazenda
Que é grande perfeitamente
Sobe serra, desce serra
Salta muita água corrente.
Sem lavoura e sem ninguém
O dono mora ausente
Lá só tem um caçambeiro
Tira onda de valente
Isso é uma grande batalha
Que está na nossa frente:
Tem muita gente sem terra
E tem muita terra sem gente."

Tudo o que é da vida e da cultura da comunidade, da região, é trazido para dentro do círculo. Ali se canta e se verseja. Ali se fazem pequenos "dramas", representações improvisadas, um teatro sertanejo que os lavradores de Goiás sabem fazer sem custo, porque só lhes custa representar a própria vida. Ali cantam as músicas, as "modas de viola" e as "modas de catira" que se criam na comunidade, ou que chegam de lugares vizinhos. Tudo é material sobre o qual o grupo pensa e cria. Tudo se incorpora ao trabalho de aprender a *ler e escrever*.

Um acontecimento inesperado pode sugerir uma palavra não prevista no *Benedito e Jovelina*, e que "entra no debate" e no trabalho de aprender a ler. Houve pressa de começar. Não há previsão do tempo de acabar o primeiro trabalho de educação de um grupo de lavradores adultos na "vila de Santa Fé".

O projeto de alfabetização dos funcionários de uma universidade

Por ocasião da escolha da lista sêxtupla de candidatos à reitoria da Universidade Federal de São Carlos (São Paulo), descobriu-se que 40 funcionários não eram ainda alfabetizados. Um grupo de professores e alunos da Universidade reuniu-se, dentro de um *seminário aberto de educação*, para pensar a questão. Daí surgiu o *Projeto de Alfabetização de Funcionários da*

UFSC. Durante algum tempo o grupo se reuniu para aprofundar a proposta de seu trabalho pedagógico. Durante cerca de 3 meses foi feito um programa de preparação de alfabetizadores — professores e alunos. A formação da equipe não foi pensada em momento algum como uma atividade técnica: dominar os princípios de um método de alfabetização. Isto foi apenas parte de uma reflexão coletiva sobre o próprio sentido do trabalho a ser desenvolvido e sobre os princípios que deveriam nortear a prática pedagógica junto aos funcionários-educandos.

> "O ser alfabetizador consciente e consequente, especialista 'mais político', está sendo viabilizado ao longo da própria prática pedagógica e dos estudos sistemáticos paralelos, onde se discute criticamente esta prática no sentido de torná-la cada vez mais adequada às condições concretas e viáveis do contexto educacional, de modo específico, e do contexto sócio-político-econômico brasileiro, de modo geral" (*Boletim da ADUFSCar*, maio 1981).

Antes de se formarem os grupos de alfabetização foram feitos contatos entre educadores e educandos, de modo a se reconhecer o universo vocabular. Dele saíram as palavras geradoras que, em conjunto, constituíam temas de discussão, sempre ligados ao cotidiano da vida dos alfabetizandos.

Os temas, em conjunto, ligam-se ao "fio condutor" do curso: "ler e escrever de modo consciente e consequente a sua própria realidade".

Algumas atividades da alfabetização, às vezes deixadas em segundo plano em outras experiências, estão sendo levadas com muito empenho: o desenvolvimento da coordenação matara para o exercício da escrita, o ensino de matemática (cálculo — trabalho feito em Goiás a partir do desenvolvimento de um método de ensino baseado nos princípios "de calcular" dos lavradores).

Depois de algum tempo de trabalho, algumas atividades complementares estão sendo desenvolvidas. Uma delas, a montagem de um *Livro de Leitura 1*, construído a partir de escritos dos alunos das primeiras turmas, dentro do próprio processo de aprender a *ler e escrever*. Outra, a elaboração de um *Livro de Leitura 2*, que aproveita material dos alunos de maior rendimento, sobre cinco temas de discussão escolhidos. Ele será o documento básico dos trabalhos de pós-alfabetização. Outra, ainda, a elaboração de um *Jornal dos Trabalhadores*, feito sob a iniciativa de educandos dos grupos e com a ajuda dos educadores. Tal como ocorreu outras vezes, a discussão que deu origem à ideia e, dela, à realização do jornal, aconteceu quando o grupo debatia a palavra geradora: *jornal*.

Com turmas de alunos já alfabetizados, abriu-se a possibilidade de sequencia dos trabalhos, com a etapa de pós-alfabetização. Dela desaparecem as palavras geradoras. O exercício de aperfeiçoamento de *leitura, escrita e cálculo* sai da discussão dos temas geradores. Para os alunos que apresentam ainda dificuldades de trabalho com a palavra, foram formados grupos de revisão que aprofundam o estudo coletivo com o *Livro de Leitura 1*. Para os alunos que completam bem a primeira etapa, a de pós-alfabetização aparece como uma sequencia natural de trabalho de equipe. Nesta etapa os educandos trabalham com a análise de textos simples, que implicam tanto a leitura da realidade que o conteúdo pragmático sugere, quanto a leitura das dificuldades da língua, que a leitura sintático-semântica desfia ao grupo.

Há muitos outros exemplos atuais de uso e invenção do Método Paulo Freire. Neles a ideia de "reinventar a educação" aparece viva e real. Na periferia de algumas grandes cidades brasileiras os próprios movimentos populares tomam a iniciativa de propor trabalhos de alfabetização. Há experiências junto a operários da periferia de São Paulo. Há experiências nas áreas de posseiros do Norte de Goiás ao Sul do Pará. Para cada contexto e situação, cada equipe formada de agentes de educação e agentes da comunidade enfrenta o desafio de "pensar de novo" e de construir o seu modo de trabalhar *o* e *com* o método.

DO MÉTODO AO SISTEMA, DO SISTEMA AO SONHO

Ontem: o sistema

Faz muitos anos, em outro pequeno estudo sobre Paulo Freire, escrevi algumas ideias que quero reanimar aqui.

"O método de alfabetização de adultos do professor Paulo Freire não representa mais do que a fase inicial de um longo processo dentro de um Sistema de Educação. Este sistema foi elaborado levando em conta as seguintes etapas:

a) o método de alfabetização de adultos como processo acelerador da aprendizagem da leitura e da escrita, a nível elementar. Com a introdução da técnica de trabalho em grupo proporciona-se um alto grau de atividade por parte de cada membro do grupo, assim como uma ênfase básica no processo de conscientização dos adultos participantes. O método foi elaborado e testado por uma equipe do SEC da Universidade Federal de Pernambuco e, depois, programado para aplicação em nível estadual e nacional.

b) um processo sistematizado de educação correspondente ao nível primário, com o qual se obtém a funcionalidade na leitura e na escrita; um nível mais profundo no que respeita à conscientização e uma ampliação do campo de estudos com a introdução de outros elementos necessários à educação de adultos.

A equipe de técnicos do SEC realizou investigações vocabulares e de interesses, a fim de elaborar o material didático para os adultos que haviam terminado a primeira fase da aprendizagem. Foi feita uma redução do vocabulário da língua portuguesa, obtendo-se um conjunto mínimo e útil de vocábulos que permitiram elaborar textos impressos. Inicialmente eles deveriam tratar dos seguintes temas: a) legislação do trabalho, geografia econômica, sindicalização, assuntos técnicos ligados ao trabalho (camponês ou operário), arte popular e folclórica; b) obras importantes da literatura brasileira; c) material escrito pelos alunos de vários círculos de cultura, como poesia, prosa, crítica etc.;

c) uma etapa mais avançada de educação, que deve ser oferecida a todo o povo: uma abertura a todos os canais de comunicação possíveis à sua circunstância; ao acesso à cultura em todos os seus níveis e nas suas três dimensões básicas: emergência, extensão e criação; formação de um público ativo, participante e crítico; criação de uma cultura popular (e não, popularizada) onde o povo ocupe os polos de criador e consumidor (esta última etapa estava em fase de investigação quando a equipe do SEC teve que suspender os seus trabalhos).

O Sistema preconizava a formação de universidades populares, que assumiriam a tarefa de oferecer serviços culturais em vários níveis: popular, secundário, pré-universitário e universitário, através do que os adultos teriam a oportunidade de realizar não um curso de emergência, mas um processo contínuo e tão completo quanto fosse possível de Educação Fundamental" (*El Metodo Paulo Freire para la Alfabetización de Adultos*).

Na cabeça dos seus primeiros idealizadores, o *método de alfabetização de adultos* era a menor parte de um *sistema de educação*, do mesmo modo como o trabalho de *alfabetizar* era só o momento do começo da aventura de *educar*, criando entre as pessoas sistemas novos de trocas de gestos, símbolos e significados, cujo resultado é a transformação de todos através do diálogo de que cada um aprende.

Assim, o método foi a matriz construída e testada de um sistema de educação do homem do povo (e de todas as pessoas, por extensão) que imaginou poder inverter a direção e as regras da educação tradicional, para que os seus sujeitos, conscientes, participantes, fossem parte do trabalho de mudarem as suas vidas e a sociedade que, pelo menos em parte, as determina. Em Pernambuco este Sistema previa as seguintes etapas: 1ª) alfabetização infantil; 2ª) alfabetização de adultos; 3ª) ciclo primário rápido; 4ª) extensão universitária (universidade popular); 5ª) Instituto de Ciências do Homem (pensado para ser criado na Universidade Federal de Pernambuco); 6ª) Centro de Estudos Internacionais (com foco sobre questões do Terceiro Mundo).

O instrumento de produção de uma nova consciência

Trabalhando na África, Paulo Freire e seus companheiros do Instituto de Ação Cultural tiveram a oportunidade de participarem, como educadores, de um processo de reconstrução de ex-colônias libertadas através da luta de seu povo.

Aí, a própria ideia de uma *educação popular*, que existe por oposição a uma suposta "educação dominante" ou uma "educação de elite", é substituída pela ideia de *educação nacional* porque agora, de fato, o povo é a nação e controla a educação que o Estado popular cria.

A tarefa do educador é, antes de mais nada, a de criar uma outra educação. Ela foi a "do colonizador" da metrópole, ou a "do opressor" do poder. Servia aos interesses de reprodução de uma ordem social colonialista, dominante. Carregava os seus símbolos e dizia as palavras que conferiam legitimidade ao seu poder. Ela foi no passado uma educação que confirmava, com a desigualdade do saber, a desigualdade da vida social: colonos e colonizados, senhores e servos, brancos e negros.

Não servia preservá-la, quando a própria ordem social que a sustentava foi destruída. Não servia sequer remodelar os seus métodos e mudar alguns dos conteúdos de seus ensinos escolares, para se ter uma "nova educação", para um novo tempo, uma outra vida coletiva.

Torna-se indispensável reinventar a educação e este trabalho, com que os próprios educadores se reeducam, é um ato político que começa com a afirmação de que a educação é um trabalho político. Um trabalho político que antes estava escondido sob o véu da "missão pedagógica do civilizador" e que, agora, aparece desvelado, como a missão política de participar do trabalho de libertação *também* através do ensino, da educação.

Em uma das cartas que Paulo Freire escreveu para animadores de círculos de cultura das ilhas de São Tomé e

Príncipe, na África, estas ideias estão muito claras. Observe, leitor, como uma proposta de educação do povo afinal aparece querendo falar em seu nome, a partir dele, do seu lugar na sociedade e na história.

> "A tarefa a que nos entregamos, a de possibilitar que um grande número de nossos camaradas, sobretudo nos campos, mas não somente neles: leiam e escrevam, o que estavam proibidos de fazer no regime colonial, é uma tarefa política. A própria decisão de fazer a alfabetização é um ato político. É preciso estarmos vigilantes com relação às insinuações feitas, às vezes ingenuamente, às vezes astutamente, no sentido de nos convencer de que a alfabetização é um problema técnico e pedagógico, não devendo, por isso, ser 'misturada com a política'.
>
> Na verdade, não há educação e por isso alfabetização de adultos neutra. Toda educação tem em si, uma intenção política...
>
> É em razão disto que nós, enquanto educadores-educandos do Povo, devemos estar cada vez mais claros com relação à nossa opção política e vigilantes quanto à coerência entre a opção que proclamamos e a prática que realizamos. Claros no que diz respeito ao em favor de quê e de quem trabalhamos em educação.
>
> Esta clareza vai aumentando na medida em que, militantemente, criticamente, nos vamos engajando na nossa prática e nela aprendendo cada vez melhor como trabalhar. É a militância correta que nos vai ensinando

também que só na unidade, na disciplina e no trabalho com o Povo nos tornamos educadores coerentes com a opção revolucionária que proclamamos" ("Quatro cartas aos animadores de círculos de cultura de São Tomé e Príncipe" — *A Questão Política da Educação Popular*).

A educação que Paulo Freire vislumbra não é apenas politicamente utilitária. Ela não objetiva somente criar novos quadros para um novo tipo de sociedade. Há uma proposta politicamente mais humana, a de criar, com o poder do saber do homem libertado, um homem novo, livre também de dentro para fora. O método é instrumento de preparação de pessoas para uma tarefa coletiva de reconstrução nacional. Por isso ele é parte de um *programa nacional de educação*, cujos termos são politicamente definidos. Mas o trabalho de alfabetizar — parte do trabalho de educar — não subordina o educando à tarefa política para que ele se prepara aprendendo *também* a *ler e escrever*.

Um exemplo mais atual e mais próximo de todos nós é o dos trabalhos da Cruzada Nacional de Alfabetização da Nicarágua. Uma das primeiras tarefas do país recém-libertado da ditadura de Somoza foi a de repensar a sua educação e de recomeçar o trabalho pedagógico junto ao povo do país (até então com um grande índice de analfabetismo), pelo começo. Por uma campanha de alfabetização destinada a eliminar o analfabetismo do país, tanto quanto a criar grupos de educandos capazes de usarem também o espaço e o tempo do círculo de cultura, para pensarem juntos sobre tudo o que aconteceu no país; sobre o significado das transformações de que foram parte importante; sobre as etapas seguintes de uma luta de libertação que não terminou com a conquista popular do poder político. Uma luta de que a própria Campanha Nacional de Alfabetização foi considerada como uma das etapas muito importantes.

Uma vez mais Paulo Freire foi chamado a colaborar e, pouco depois, outro brasileiro, o professor Hugo Assmann, coordenou a elaboração de um livro-documento: *Nicarágua triunfa na alfabetização*.

Hoje: um instrumento
a serviço dos movimentos populares

De um modo ou de outro o método de alfabetização de Paulo Freire quase sempre foi empregado dentro de programas ativos de educação de adultos, de educação de base, de educação popular. Dentro ou fora do âmbito de uma instituição oficial, o programa costuma ser pré-definido pelos educadores, quando não por aqueles que constituem o programa e convocam os educadores para fazê-lo existir na prática. Isto valeu para o trabalho pioneiro do MCP do Recife, do SEC da Universidade Federal de Pernambuco, da Campanha Nacional de Alfabetização do MEC, em 1964 (pensado e não realizado), do governo chileno durante alguns anos, do governo popular de Guiné-Bissau ou de São Tomé e Príncipe. Isso vale ainda para as pequenas iniciativas de estudantes que, aqui e ali, alfabetizam adultos com o método. Os educadores iam às comunidades populares "do campo e da cidade" em busca de condições de implantação de círculos de cultura. Algumas vezes, mesmo a nível comunitário, os trabalhos de alfabetização eram parte de um programa mais amplo de *desenvolvimento comunitário* ou de *mobilização popular*. Outras vezes podiam ser, até mesmo, um compromisso isolado de um educador, com algumas pessoas de uma comunidade com que ele tinha um relacionamento político, profissional ou afetivo.

Hoje em dia, na maior parte dos casos, os educadores procuram recuperar a prática de um método de educação popular criado há vinte anos. Procuram redescobrir o sentido do uso de um instrumento de trabalho com o povo através da educação, dentro de uma nova realidade social e cultural. São outros os dias, são outras as condições.

Cada vez menos, entre 1964 e pelo menos 1978, foram raras as experiências de um trabalho junto ao povo realizado a partir do emprego de práticas pedagógicas de alfabetização.

Reprimidos os movimentos de educação popular no Brasil depois de 1964 e, mais ainda, depois de 1968, coube ao próprio governo a iniciativa de desenvolver experiências de alfabetização. O MOBRAL é cria deste tempo e o seu trabalho, em boa medida, foi o próprio inverso dos sonhos e métodos de Paulo Freire.

Do outro lado da cerca, durante cerca de 15 anos, a prática concreta daquilo que chamamos de *educação popular* mudou de um trabalho político junto ao povo, através da alfabetização, para um trabalho político com o povo, sem alfabetização.

Durante todos estes anos aqui no Brasil, setores de vanguarda da Igreja Católica foram, nas suas dioceses, paróquias, comunidades de base, alguns dos espaços mais estáveis e comprometidos de trabalho de mobilização e apoio dos mesmos grupos e comunidades populares com quem, alguns anos antes, estiveram trabalhando os educadores dos movimentos de cultura popular.

Assim, nos últimos anos, a própria Igreja, que sempre teve uma antiga experiência de "ensino do povo", abandonou em certos setores o trabalho pedagógico através de pequenos cursos (alfabetização, corte e costura, formação de lideranças) e procurou criar novas práticas de diálogo mais ágil e politicamente mais direto com os grupos populares e suas comunidades. Isto aconteceu no campo e na periferia das cidades. Iniciativas de "escolarização popular" alternativa (fora do controle direto do poder de Estado) foram deixadas em segundo plano, durante alguns anos.

Por outro lado, dentro e fora dos limites do trabalho pastoral da Igreja Católica (a que aos poucos se soma o trabalho de outras igrejas cristãs), surgiram e cresceram novas formas de organização popular. Surgiram ou foram recriadas, também, outras maneiras de intelectuais (estudantes, professores, profissionais) encontrarem o seu lugar pessoal ou coletivo num trabalho de presença e apoio àquilo a que Paulo Freire chamaria de: *práticas populares de libertação*.

Com origens e histórias diferentes a partir de 1964, surgem ou ressurgem (de que cinzas? de que tempos? de que nomes?) por toda a parte: movimentos de trabalhadores, sindicatos, oposições sindicais, associações populares, assembleias do povo, grupos de bairro, de vizinhança, de comunidade, comissões populares de saúde, de luta por creche, por educação. Ao longo dos últimos anos, não são só algumas comunidades populares trabalhadas pela prática pastoral da Igreja, ou pela iniciativa de grupos, equipes ou partidos de intelectuais de dentro e de fora das universidades, as que aos poucos aprendem a reencontrar os seus recursos e as suas práticas de mobilização comunitária, de resistência e luta popular. Na verdade são as próprias classes populares que reinventam a dimensão de seu trabalho político.

AGRICULTORES DE URNA
DENUNCIAM DESTRUIÇÃO DE LAVOURAS
FEITA PELO GADO DO PROPRIETÁRIO
5/12/1980

Nós agricultores de Urna área da grande Alagamar estamos prejudicados pelo gado do proprietário de Urna Sr. Enildo Rodrigues Jordão que soltou as suas rêzes na nossa lavoura no dia 1 deste e nós estamos sem soportar mais as destruições feitas pelo gado nas bananeiras e na roças de mandioca e os jagunços juntos com o proprietário ameaçando nós de morte em nossas casas e trancando as entradas de estradas para nós não passar para dentro de Alagamar e se não chegar uma solução para a retirada do gado nós vamos retiralos por nossa conta sem violencia alguma

II também queremos a Desapropriação da área para acabar esse problema em difinitivo apelamos para as nobres **autoridades**. assina a comissão

?Wesino Bernardi Eslando, diversos ?moças da Zona
José Bardos Rodrigues, Manoel Bento Corrier
Joaquim Amaro da Silva

Lavradores aprendem a usar a palavra escrita.

Ora, leitor, para as pessoas com a cabeça feita no meio das experiências pioneiras de educação popular, ficava cada vez mais claro (às vezes tão claro que acabava difícil) que a missão do educador popular era a de ajudar na criação das condições do surgimento, e apoiar as condições de fortalecimento dos movimentos populares: a) de classe, como o sindicato dos metalúrgicos do ABC ou o Movimento dos Trabalhadores Rurais de Goiás; b) *de comunidade*, como as associações de bairro da periferia de Belo Horizonte, as assembleias do povo de Campinas, os grupos de mulheres de favelas do Rio de Janeiro.

Apoiar, como educador-militante, com a sua contribuição própria, complementar, os *movimentos* surgidos por toda a parte e que, em conjunto, definem-se da seguinte maneira, por exemplo:

> "Por movimento popular entendemos todas as formas de mobilização e organização de pessoas das classes populares diretamente vinculadas ao processo produtivo, tanto na cidade quanto no campo. São movimentos populares as associações de bairros da periferia, os clubes de mães, as associações de favelados, os grupos de loteamento clandestino, as comunidades de base, os grupos organizados em função da luta pela terra e outras formas de luta e organização populares. *É também parte integrante do movimento popular o movimento sindical* que, pela sua própria natureza, possui um caráter de classe definido pelas categorias profissionais que o integram.

"Nos últimos anos o movimento sindical tem encontrado nos bairros, animados pelos movimentos populares, um campo de apoio e de trabalho decisivo à sua organização e lutas. Ao mesmo tempo, a repressão e o controle direto nos ambientes de trabalho fazem com que o bairro seja um local de mobilização do próprio movimento sindical. Nesta inter-relação, o movimento popular adquire sempre mais um *caráter de classe*, pois assume como suas as lutas dos trabalhadores. Foi o que se viu recentemente na greve do ABC paulista." (Doc. de São Bernardo).

Ora, duas ideias que se completam são importantes aqui. Primeira: os movimentos populares são eles próprios lugares de educação política do povo. Na verdade, são os melhores lugares e criam as melhores situações para que esta educação se realize. A própria ideia de *práxis* em Paulo Freire cabe aí. Ela é o trabalho político consciente, solidário, acompanhado sem cessar de sua persistente reflexão, feita por seus agentes. O educador que acompanha este trabalho político, cuja direção é popular, ajuda esta reflexão como parte de sua própria *práxis*. Segunda: os movimentos populares necessitam de pessoas preparadas em vários sentidos. Os seus militantes — de mães de periferia das cidades a posseiros do sertão precisam possuir conhecimentos que não são só e sempre produzidos *na* e *através* de sua ação política, comunitária.

Líderes sindicais procuram educadores para que eles ajudem e participem de cursos de formação sindical. Posseiros do Norte de Goiás, do Sul do Pará, do Mato Grosso, convocam educadores para que eles façam o trabalho de sua alfabetização. Lavradores de algumas comunidades combinam com eles a sua pós-alfabetização. Operários de São Paulo e de Belo Horizonte sonham criar, em seus próprios sindicatos, cursos autônomos de "supletivo para operários". Por certo muitos outros exemplos contemporâneos do Norte e do Nordeste poderiam somar-se a estes.

Em um documento recente sobre a alternativa de um partido de trabalhadores está escrito:

> "Faz-se urgente desenvolver, junto aos movimentos populares, um intensivo trabalho de educação política que desperte o operário, o trabalhador rural, a dona de casa e demais pessoas do povo, para o direito inalienável à sua condição de cidadão que é o de ativa participação na vida política do país, inclusive na vida partidária.
>
> "Cabe à educação política criar consciência de que este direito é exercido dentro de um processo de engajamento social que, sem ser excludente, passa por diferentes etapas, desde a mais simples luta pela água no bairro ou pela defesa da posse da terra até à elaboração de um projeto político alternativo. A atividade partidária não deve ser exclusiva e jamais desvinculada do trabalho de base e da inserção do militante nos movimentos populares.

> "Através da educação política, isenta de qualquer proselitismo e de discussões centradas em siglas, o militante encontrará os critérios que lhe permitam equilibrar a atuação no movimento popular com a atuação nas esferas do partido" (Doc. de São Bernardo).

Ora, esta *educação política* de que um partido pode ser o *educador* e que prolonga a formação obtida em algum outro movimento popular, pode exigir situações de trabalhos mais formais de aprendizado, além das que são criadas através da prática direta da militância popular. A alfabetização é um destes trabalhos necessários. Assim ela tem aparecido dita de maneira clara nas reuniões de grupos de lavradores ou de operários. Ninguém acredita que *saber ler e escrever* faz o militante, porque todos sabem que, desde o passado, muitos dos melhores foram analfabetos. Mas ninguém mais discute que ser alfabetizado equivale a estar bem melhor preparado para o trabalho de libertação popular, ainda mais agora, quando os movimentos de comunidades e de trabalhadores usam com tanta frequência a palavra escrita.

O que eu quero dizer aqui, leitor, é que, entre todas, houve uma mudança nisso tudo que foi a mais importante nos últimos anos, desde quando um dia, no Recife, se pensou um sistema de educação popular. Fora os que o poder de Estado patrocina por sua conta, desaparecem os grandes movimentos nacionais de educadores, a partir da universidade, do estudantado, de grupos autônomos de profissionais, das igrejas. Aos poucos surgem pequenos trabalhos ancorados entre um grupo reduzido de educadores populares e as comunidades onde se colocam para trabalhar. Comunidades, grupos e movimentos populares propõem como iniciativa própria, ou aceitam, desde que possam incorporá-los no domínio de suas práticas, programas de alfabetização como parte de um trabalho muito mais amplo de educação popular.

Entre os educadores que aceitam como seus os projetos dos movimentos populares, trabalhos de alfabetização deixam de ser programas de iniciativas externas, às vezes sutilmente impostas, de "grupos de Igreja", "de estudantes" e assim por diante. Eles procuram responder às solicitações vindas das comunidades, de um sindicato, dos movimentos populares. O lugar das decisões do trabalho de alfabetização tende a deixar de ser o do "programa" e passa ser, *também*, ou *apenas*, o de uma comissão de moradores de uma favela, de uma associação de bairro de periferia, de uma comunidade eclesial de base, de um sindicato ou de um movimento de trabalhadores rurais.

O trabalho do educador popular é o de um assessor de setores organizados do povo, que o convocam para fazer o que o povo ainda não sabe ou não pode fazer, ou para ajudar, com a sua contribuição específica, os trabalhos de educação que o povo começa a saber e a poder fazer.

Quero voltar a Goiás para descrever o outro lado daquilo que falei algumas páginas atrás.

Durante alguns anos a Pastoral Popular da Igreja da Diocese de Goiás não incluía nenhum trabalho de alfabetização. Mas por todos os seus municípios, entre Itaguaru e Britânia, foram feitos trabalhos de apoio à organização de comunidades de lavradores ou de migrantes de "ponta de rua": Foram criadas ações de apoio aos movimentos de trabalhadores rurais, movimentos de "custo de vida", comissões de saúde, associações de bairro, grupos de empregadas domésticas nas cidades.

O ponto de partida foi o de que as *práticas sociais* que comprometiam os *agentes de pastoral* (professores; padres, médicos, religiosas, estudantes) com os *agentes da base* (lavradores, lavradoras, mulheres de lavradores/lavadeiras, volantes, migrantes subempregados, pedreiros e tantos outros) eram *ações de serviço* à organização de grupos e movimentos nas comunidades. Era o apoio e a ajuda ao esforço popular de criar, ao lado de suas *formas tradicionais de organização comunitária* (vizinhanças, parentes, mutirões, grupos rituais), *formas orgânicas de organização* popular (movimentos, frentes de luta, comissões setoriais, representações locais, sindicatos, oposições sindicais).

Ora, como de parte dos agentes a participação envolvia presença, criação de espaços de reflexão da ação popular, troca de conhecimentos, oferta de informações necessárias ao povo, produção de grupos populares de apoio, este trabalho tem sido chamado: de *educação popular* no seu todo, ainda que durante mais de 10 anos houvesse ali, de parte dos mesmos agentes de pastoral, uma atividade sequer de alfabetização de adultos, por exemplo.

Quando a um dado momento algumas comunidades reconhecem a necessidade de ampliar seu espaço de estudo e pensam em alfabetização, em pós-alfabetização, em cursos de supletivo, elas convocam os mesmos agentes para que as ajudem: promovendo cursos, círculos de estudo, ou assessorando pessoas da própria comunidade a fazê-lo. Aqui e ali, de alguns "patrimônios" ou de "pontas de rua" surgem ideias sobre o assunto, florescem iniciativas, formam-se pequenas comissões, discutem-se as questões, programa-se o trabalho de alfabetização onde se quer alfabetização; de posição onde se quer pós-alfabetização.

Não há, portanto, um programa único, uma "campanha diocesana de alfabetização" maciça, nascida pronta de uma reunião de agentes de pastoral. Jovens e adultos de algumas comunidades (poucas por enquanto) pesam suas necessidades de educação e programam formas de responder a elas. Ao mesmo tempo pensam formar comissões de agentes dos lugares para que cobrem do Estado (da prefeitura, do governo estadual) os seus direitos à educação: a criação de escolas isoladas, de colégios estaduais, de serviços de merenda escolar, por exemplo.

Este é, ali, um tempo novo de criação de formas não conhecidas ainda de trabalho pedagógico de compromisso popular na região. As experiências populares do passado servem apenas como o relato da memória do que foi feito um dia. Servem como indicadores de caminhos.

De forma semelhante, em São Paulo, em São Carlos, em Campinas, Paulo Freire participa de novas experiências de alfabetização popular. Quase sempre elas têm a mesma trajetória e sempre apontam para uma participação mais ativa e determinante das próprias comunidades locais. Não há nenhuma grande "campanha" ou nenhum grande "programa" de dimensões muito amplas. Através do IDAC que, de volta, ele trouxe para o Brasil, de setores institucionais ou estudantis das universidades onde trabalha, de grupos autônomos de jovens educadores, Paulo Freire procura colocar-se a serviço das iniciativas populares de trabalho em sua própria educação.

Cada local de vivência e organização, cada espaço popular mobilizado propõe o *seu programa*. Mais adiante programas locais de trabalho pedagógico poderão ser ampliados, regionalizados. Mas isso, esperamos todos, será feito agora "de baixo para cima" ou, como é melhor dizer: "da base para os agentes".

O sonho será o tempo em que tenhamos entre nós uma educação popular que amplie muitas vezes, em abrangência e poder, essas poucas, mas tão esperançosamente crescentes, experiências de trabalho pedagógico a serviço das práticas políticas populares. A Educação que sonha ser outra, em outro tempo, dentro de um mundo solidário, libertado da opressão e da desigualdade, aprende com o dia a dia de seu próprio existir que, primeiro, ela precisa ser a educação, da construção deste tempo vindouro, que é o horizonte da esperança do educador popular.

CONTRA O QUÊ? EM NOME DO QUÊ?

Às vezes é muito difícil falar sobre ideias que deram origem ao Método Paulo Freire, porque elas são muito simples e algumas pessoas precisam complicá-las.

Na verdade Paulo Freire não tem sequer uma teoria pedagógica definitiva. Ele tem um afeto e a sua prática. Por isso fica difícil teorizar a seu respeito, sem viver a prática que é o sentido desse afeto. Por isso é fácil compreender o que ele tem falado e escrito, quando se parte da vivência da prática do compromisso que tem sido, mais do que sua teoria, a sua crença.

Como discutir com os termos complicados da ciência um educador cuja ideia-chave é o amor? Procure, leitor, folhear de alma limpa os escritos dele. Aos olhos ferozes dos tecnocratas do poder e da educação, pode ser que tudo aquilo não passe de uma espécie de poesia pedagógica, tão edificante quanto inviável. E aos seus olhos?

Coisas simples. Paulo Freire acredita que o dado fundamental das relações de todas as coisas no Mundo é o diálogo. O diálogo é o sentimento do amor tornado ação. As trocas entre o homem e a natureza são originalmente regidas pelo diálogo. Paulo Freire pernambucanamente fala mesmo de: "diálogo do homem com a natureza". Isto quer dizer que as coisas que existem no mundo, da terra ao trigo, são dadas ao homem. Elas existem para ele e se oferecem ao homem para serem dominadas por ele. Para serem amorosamente transformadas e significadas pelo homem e para ele. O homem responde à dádiva da natureza com o ato do trabalho. O trabalho do homem é a sua parte no diálogo que deveria ser o fundamento de todos os outros atos humanos. Com o trabalho livre e solidário sobre a natureza, o homem cria a sua cultura, transforma o mundo, faz a história e dá sentido à vida.

Em si mesmas, as relações entre os homens não são mais do que outro momento de um mesmo diálogo. Do mesmo modo como o homem depende da natureza para sobreviver e a natureza depende do homem para ter sentido, os homens dependem uns dos outros para sobreviverem e darem sentido ao mundo e a si mesmos. Por isso mesmo, o diálogo não é só uma qualidade do modo humano de existir e agir. Ele é a condição deste modo e é o que torna *humano* o homem que o vive.

O trabalho não é uma relação entre o homem e a natureza. O trabalho é uma relação entre os homens através da natureza. Por isso ele deveria ser o domínio mais fervorosamente concreto do diálogo entre os homens. Transformar o Mundo, tornando-o cada vez mais humano, é o sentido do trabalho. E como todo o trabalho do homem sobre o Mundo é coletivo, ele é também um modo de exaltação da solidariedade entre os homens.

Em si mesma a cultura, que é o resíduo que o trabalho humano deixa sobre o Mundo, deveria ser todas as formas visíveis ou comunicáveis da significação do diálogo entre os homens e de todos os seus efeitos sobre o Mundo.

No entanto, a história concreta do homem nega de muitos modos o diálogo entre os homens e entre eles e a natureza, ainda que ela no horizonte seja a trajetória da reconquista do diálogo.

Na prática as relações sociais do trabalho, ao produzirem os bens de que o homem sobrevive, reproduziram condições concretas em que alguns poucos sobrevivem do trabalho dos outros. Sobrevivem de deter modos de poder que surgem onde o diálogo acaba e onde o trabalho, afinal, separa e opõe categorias de homens opostos, de grupos e classes sociais antagônicos.

A desigualdade entre os homens e as estruturas sociais dela derivadas: de produção de bens materiais, de reprodução da ordem do trabalho e de todas as outras relações entre todos os tipos de pessoas, de criação dos símbolos e significados com que a consciência representa o mundo e os homens se comunicam, gera o reinado da opressão. Gera e preserva um tipo de Mundo ruim que, não obstante, é preciso transformar.

Na sociedade desigual ("colonialista", "capitalista", "opressora") também o saber aparece dividido entre os homens. Em primeiro lugar ele não existe plenamente como representação coletiva e solidária do Mundo concreto onde se vive, tal como ele é. O poder, que controla politicamente a ordem social que o sustenta, também determina ideologicamente o saber, o pensamento, os valores, os símbolos com que se apresenta como legítimo. Ele cria e recria os instrumentos e artifícios para que as pessoas oprimidas por ele pensem como ele, pensando que pensam por si próprias.

A educação é um destes instrumentos. Ela é um destes artifícios. Ao falar primeiro de uma *educação bancária* e, mais tarde, de uma *invasão cultural* dominante sobre a cultura e a consciência dos sujeitos oprimidos, Paulo Freire leva às últimas consequências a sua crítica política da educação que serve ao poder da sociedade desigual.

Tomemos o exemplo da própria alfabetização. Nas experiências tradicionais dos programas oficiais, o ensino do *ler e escrever* mistura à palavra de ilusão uma realidade de fantasia. O mundo que ali se mostra oculta, justamente, o mundo que aqui se vive. Através de figuras, palavras, frases, indicações de leituras, a realidade social aparece ao educando como um fetiche: um mundo dado, irreal, pronto e estático, bonito, acabado e sem conflitos.

Assim, o acesso real do aluno à uma compreensão de Mundo através da alfabetização, mistura opostos. Mistura uma eficácia real para a *leitura da língua* (de fato se aprende a *ler e escrever*) com uma ineficácia para a leitura da vida (de fato se aprende a ler como verdadeiro aquilo que é irreal e como irreal aquilo que poderia ser tornado humanamente verdadeiro).

A educação imposta aparece como ofertada. O interesse político de tornar, também a educação, um instrumento de reprodução da desigualdade e de ocultação da realidade à consciência, aparece como uma questão de trabalho técnico sustentado por princípios de ciências neutras. Assim, a educação que serve, nas mãos do poder que oprime, para ocultar de todos a própria realidade da opressão e para fazer os homens cada vez mais diferentes pelo grau diferenciado de saber que distribui, oculta-se a si mesma.

Parte do próprio trabalho da educação opressora é disfarçar-se de "neutra", de "humana" ou de "democratizadora". Ela pode melhorar pedagogicamente, mas politicamente apenas aumenta o poder de dividir e iludir.

No entanto, o poder da opressão política não é absoluto e a mesma história humana que o cria, mais adiante o destrói. No entanto, também, o poder do saber opressor e o poder dos sistemas e artifícios de sua difusão não são absolutos.

A consciência do oprimido, que aprende com o trabalho pedagógico da educação do opressor a pensar como ele e a legitimar a ordem de Mundo que ele impõe, aprende a pensar por si própria. Aprende a desvelar a mentira do saber imposto, quando aprende a fazer a prática política cujo horizonte é a sua liberdade. É a construção progressiva, mas irreversível, de uma sociedade conquistada pelo povo, e, então, reconduzida ao diálogo.

A consciência do povo é invadida de muitos modos pelos símbolos do saber de quem o oprime através do trabalho. No entanto, invadida, ela não foi conquistada. Por isso é legítimo pensar no poder de uma outra educação.

É legítimo pensar em um trabalho pedagógico que se realiza todos os dias, em todas as situações em que as classes populares vivem o trabalho de sua própria organização política. Se um educador pretende ser consequente com a ideia de criar com o povo a condição da conquista de sua própria liberdade, nada é mais importante do que isto. Quando a consciência do oprimido acompanha a prática política popular, ela aprende a pensar a si própria e ao mundo, do ponto de vista desta prática. Por isso, a educação libertadora que é, ao mesmo tempo, o sonho e o método de Paulo Freire, é a reflexão desta prática popular, tornada possível também através da participação do educador: com o seu saber que subverte a intenção de domínio da educação opressora; com os seus recursos colocados a serviço da educação do *oprimido*.

Nisso tudo a coisa aparentemente pequena, que é um trabalho de alfabetização de homens adultos do povo, tem o seu lugar. Porque não é mais do que um outro instrumento conquistado para a educação popular, para o lado de sua prática. Mas um instrumento que, entre o sonho e o método, atua no domínio do saber. De um saber popular a que serve e de onde o educador espera que venha um dia a conquista da volta definitiva do diálogo.

Por isso também o próprio método de alfabetização que Paulo Freire pensou funciona de tal sorte que realiza, dentro do *círculo de cultura*, a prática do diálogo que o sonho do educador imagina um dia poder existir no *círculo do mundo*, entre todos os homens, aí sim, plenamente educadores-educandos de todas as coisas. Daí surge a própria ideia de *conscientização*, tão nuclear em Paulo Freire. Ela é um processo de transformação do modo de pensar. É o resultado nunca terminado do trabalho coletivo, através da prática política humanamente refletida, da produção pessoal de uma nova lógica e de uma nova compreensão de Mundo: crítica, criativa e comprometida. O homem que se conscientiza é aquele que aprende a pensar do ponto de vista da prática de classe que reflete, aos poucos, o trabalho de desvendamento simbólico da opressão e o trabalho político de luta pela sua superação.

CONCLUSÃO

"Peço licença para terminar
soletrando a canção de rebeldia
que existe nos fonemas da alegria:
canção de amor geral que eu vi crescer
nos olhos do homem que aprendeu a ler"

(Canção para os fonemas da alegria)
(Thiago de Mello)

INDICAÇÕES PARA LEITURA

Quem voltar aos livros que Paulo Freire escreveu vai notar que, de propósito, falei muito do que ele fala pouco e pouco do que ele fala muito. Deixei para as poucas páginas do final aquilo que é quase tudo nos seus escritos: suas ideias sobre o amor e o diálogo, o homem e o mundo, o saber e a educação. Insisti em mostrar o método como é e como pode ser, conforme se crie sobre ele.

Dois livros de Paulo Freire são fundamentais: *A educação como prática da liberdade* e *Pedagogia do oprimido*, ambos da Editora Paz e Terra. Não importa que o próprio autor considere às vezes superadas algumas ideias do primeiro livro. Ali elas tomaram a forma de um livro pela primeira vez.

Os primeiros escritos da equipe da Universidade Federal de Pernambuco existem apenas em uma revista publicada em junho de 1963, pela Universidade onde o método foi criado. Chama-se: *Estudos Universitários* n° 93. Os quatro artigos: *Paulo Freire — conscientização e alfabetização, Uma nova visão do processo*, Jarbas Maciel — *A fundamentação teórica do sistema Paulo Freire*; Jomard Muniz de Brito — Educação de Adultos e Unificação da Cultura; Aurenice Cardoso — *Conscientização e alfabetização, uma visão prática do sistema Paulo Freire*.

Estes quatro artigos e muitos outros, que constituem os fundamentos das ideias e práticas de educação popular e cultura popular no Brasil, vão sair proximamente em um livro das Edições Graal: *Educação popular e cultura Popular — Memória dos anos 1960*. Pela Brasiliense sai *A pesquisa participante*, onde Paulo Freire e a equipe do IDAC sistematizam e aprofundam a prática da pesquisa popular.

Outros livros de Paulo Freire: *Ação cultural para a liberdade* e *Extensão e comunicação*, da Paz e Terra. *Conscientização*, da Cortez e Moraes, onde ele conta a sua vida e resume o seu método.

Para um conhecimento de suas ideias, quando trabalhou com ex-colônias portuguesas da África, recém-libertadas: *Cartas de Guiné-Bissau*, também da Paz e Terra, e: "Quatro Cartas aos Animadores de Círculos de Cultura de São Tomé e Príncipe", publicadas em *A questão política da educação popular*, da Brasiliense. O leitor poderá ler também *Vivendo e aprendendo*, da mesma editora, escrito pelo pessoal do IDAC. No anexo do livro de Lauro de Oliveira Lima, *Tecnologia, Educação e Democracia* (Ed. Civilização Brasileira), há uma das melhores explicações concisas sobre o método.

Entre os livros mais complicados, quem tiver tempo e coragem pode enfrentar os seguintes:

Estado e educação popular, de Celso de Rui Beisiegel, editado pela Pioneira; *Educação popular e educação de adultos*, e Paulo Freire e o *Desenvolvimentismo-Nacionalista*, de Vanilda Pereira Paiva um das Edições Loyola e outro da Civilização Brasileira; *Educação popular e conscientização*, de Júlio Barreiro, publicado pela VOZES.

Há inúmeros artigos de Paulo Freire e sobre ele espalhados "no Brasil e no Mundo". A melhor maneira de compreender as suas ideias é ir aos seus escritos pelo caminho dos problemas que a prática da educação coloca para o educador. Paulo Freire escreveu sempre em "estado de missão" (muitas vezes, "em estado de graça" também). Por isso os seus escritos fazem pleno sentido para quem chega a eles através das questões que o seu próprio trabalho colocou.

SOBRE O AUTOR

Carlos Rodrigues Brandão nasceu no Rio de Janeiro em 14 de abril de 1940. Desde 1963 trabalha com grupos e movimentos de educação pupular, prática que iniciou no Movimento de Educação de base e que hoje continua através do Centro de Estudos de Educação e Sociedade (CEEDES) e do Centro Ecumênico de Documentação e Informação (CEDI).

É antropólogo e trabalha no Departamento de Ciências Sociais da Universidade de Campinas (UNICAMP). Lecionou na Faculdade de Educação da Universidade de Brasília, da Universidade Federal de Goiás e da Universidade Católica de Goiás.

Na área de cultura popular, tem publicados: Cavalhadas de Pirenópolis; O Divino, o Santo e a Senhora: Peões, Pretos e Congos; A Folia de Reis Mossâmedes; Deus te Salve, Casa Santa e Plantar, Comer, Colher (um estudo sobre o campesinato goiano), e pela Brasiliense: Os Deuses do Povo, além de Sacerdotes de Viola, pela Vozes. Na área de educação pupular, A Questão Política da Educação Popular, O que é Educação e O que é Folclore, todos pela Brasiliense.

Coleção Primeiros Passos
Uma Enciclopédia Crítica

- ABORTO
- AÇÃO CULTURAL
- ADMINISTRAÇÃO
- AGRICULTURA SUSTENTÁVEL
- ALCOOLISMO
- ANARQUISMO
- ANGÚSTIA
- APARTAÇÃO
- APOCALIPSE
- ARQUITETURA
- ARTE
- ASSENTAMENTOS RURAIS
- ASTROLOGIA
- ASTRONOMIA
- BELEZA
- BIBLIOTECA
- BIOÉTICA
- BRINQUEDO
- BUDISMO
- CAPITAL
- CAPITAL FICTÍCIO
- CAPITAL INTERNACIONAL
- CAPITALISMO
- CÉLULA-TRONCO
- CIDADANIA
- CIDADE
- CINEMA
- COMPUTADOR
- COMUNICAÇÃO
- COMUNICAÇÃO EMPRESARIAL
- CONTO
- CONTRACULTURA
- COOPERATIVISMO
- CORPOLATRIA
- CRISTIANISMO
- CULTURA
- CULTURA POPULAR
- DARWINISMO
- DEFESA DO CONSUMIDOR
- DEFICIÊNCIA
- DEMOCRACIA
- DEPRESSÃO
- DESIGN
- DIALÉTICA
- DIREITO
- DIREITOS DA PESSOA
- DIREITOS HUMANOS
- DIREITOS HUMANOS DA MULHER
- DRAMATURGIA
- ECOLOGIA
- EDUCAÇÃO
- EDUCAÇÃO AMBIENTAL
- EDUCAÇÃO FÍSICA
- EDUCAÇÃO INCLUSIVA
- EDUCAÇÃO POPULAR
- EDUCACIONISMO
- EMPRESA
- ENFERMAGEM
- ENOLOGIA
- EROTISMO
- ESCOLHA PROFISSIONAL
- ESPORTE

Coleção Primeiros Passos
Uma Enciclopédia Crítica

- ESTATÍSTICA
- ÉTICA
- ÉTICA EM PESQUISA
- ETNOCENTRISMO
- EVOLUÇÃO DO DIREITO
- EXISTENCIALISMO
- FAMÍLIA
- FEMINISMO
- FILOSOFIA
- FILOSOFIA CONTEMPORÂNEA
- FILOSOFIA MEDIEVAL
- FÍSICA
- FMI
- FOLCLORE
- FOME
- FOTOGRAFIA
- GASTRONOMIA
- GEOGRAFIA
- GOLPE DE ESTADO
- GRAFFITI
- GRAFOLOGIA
- HIERÓGLIFOS
- HIPERMÍDIA
- HISTÓRIA
- HISTÓRIA DA CIÊNCIA
- HOMEOPATIA
- IDEOLOGIA
- IMAGINÁRIO
- IMPERIALISMO
- INDÚSTRIA CULTURAL
- INTELECTUAIS
- ISLAMISMO
- JAZZ
- JORNALISMO
- JORNALISMO SINDICAL
- JUDAÍSMO
- LAZER
- LEITURA
- LESBIANISMO
- LIBERDADE
- LINGUÍSTICA
- LITERATURA DE CORDEL
- LITERATURA INFANTIL
- LITERATURA POPULAR
- LOUCURA
- MAIS-VALIA
- MARKETING
- MARXISMO
- MEDIAÇÃO DE CONFLITOS
- MEIO AMBIENTE
- MENOR
- MÉTODO PAULO FREIRE
- MITO
- MORAL
- MORTE
- MÚSICA
- MÚSICA SERTANEJA
- NATUREZA
- NAZISMO
- NEGRITUDE
- NEUROSE
- NORDESTE BRASILEIRO

Coleção Primeiros Passos
Uma Enciclopédia Crítica

- OLIMPISMO
- PANTANAL
- PARTICIPAÇÃO
- PARTICIPAÇÃO POLÍTICA
- PATRIMÔNIO CULTURAL IMATERIAL
- PATRIMÔNIO HISTÓRICO
- PEDAGOGIA
- PESSOAS DEFICIENTES
- PODER
- PODER LOCAL
- POLÍTICA
- POLÍTICA SOCIAL
- POLUIÇÃO QUÍMICA
- POSITIVISMO
- PÓS-MODERNO
- PRAGMATISMO
- PSICOLOGIA
- PSICOLOGIA SOCIAL
- PSICOTERAPIA
- PSICOTERAPIA DE FAMÍLIA
- PSIQUIATRIA FORENSE
- PUNK
- QUESTÃO AGRÁRIA
- QUÍMICA
- RACISMO
- REALIDADE
- RECURSOS HUMANOS
- RELAÇÕES INTERNACIONAIS
- REVOLUÇÃO
- ROBÓTICA
- SAUDADE
- SEMIÓTICA
- SERVIÇO SOCIAL
- SOCIOLOGIA
- SUBDESENVOLVIMENTO
- TARÔ
- TAYLORISMO
- TEATRO
- TECNOLOGIA
- TEOLOGIA
- TEOLOGIA FEMINISTA
- TEORIA
- TOXICOMANIA
- TRABALHO
- TRABALHO INFANTIL
- TRADUÇÃO
- TRANSEXUALIDADE
- TROTSKISMO
- TURISMO
- UNIVERSIDADE
- URBANISMO
- VELHICE
- VEREADOR
- VIOLÊNCIA
- VIOLÊNCIA CONTRA A MULHER
- VIOLÊNCIA URBANA
- XADREZ